ワンアジア財団
7年のあゆみ
−2009〜2016−

ワンアジア財団
7年のあゆみ編纂委員会 編

まえがき

　ワンアジア財団が設立されてから 2016 年 12 月で 7 年が経過した。このたびその 7 年間の活動を『ワンアジア財団 7 年のあゆみ―2009〜2016―』および『ワンアジア財団 7 年のあゆみ―2009〜2016　資料編―』としてまとめることとなった。7 年は人類の長い旅路に比べると僅か一瞬のできごとである。しかし，たとえごく僅かな期間であっても，財団がこれまで「何を行ってきたのか」，「これから何を行い，どこへ行こうとしているのか」，そしてそもそも財団は「どのような団体なのか」について，記録としてまとめることは，財団とともに活動してきてくださった先生方，またこれからもともに歩んでくださる先生方のアジア共同体創成のための献身的働きを記録として残す点からも必要であると考えた。

　我々は「どこから来て」，「どこへ向かおうとしているのか」，人類の長い旅程のなかにそれを探り，そして「今どこにいるのか」を考えることは，「我々は誰なのか」を明らかにすることにつながるであろう。このことは，これから我々が歩むべき方向を見出すための重要な作業である。

　現在，世界的に注目を浴びているユヴァル・ノア・ハラリは『サピエンス全史』のなかで人類 250 万年の歴史を振り返り，「我々はどこから来たのか」，また『ホモ・デウス』を通じて，「我々はどこへ行くのか」について問いかけている。これらのテーマについてなぜ人々は高い関心を注ぐのであろうか。

　このような時代の関心と要請，また期待のなかで財団の活動も動かされているように思われる。人類は自我中心の欲望を武器にして，多種多様な壁を創りだし，その壁のなかの競争は対立と葛藤をもたらしてきた。財団の活動はこのような人類が疾走してきた過去を顧みると同時に，未来への夢と希望を共有し

ていくところにある。今後，人類がさらなる歩みを続けるためにも，このような努力を継続していかなければならない。

財団の活動は，国家と民族，宗教とイデオロギー，さらには専門分野を超えて世界各地で活躍している先生方のネットワークを通じて，人類の新しい希望と可能性を模索し，ともにそれらを創造し，そしてこの挑戦を継続していくところにある。

財団の活動をわかりやすく具体的にまとめた資料はこれまで限られていた。つまり，財団のウェブサイトに公開されている資料がすべてであったといえよう。財団活動の実体は，財団のオフィスにあるのではなく，世界各大学において自律的に多様な形で行われる「アジア共同体講座」そのものである。これは世界中の先生方のネットワークを通じて，未来の世界の主役である次世代の学生たちと新しいビジョンと夢，そして希望を共有するものである。

したがって，財団活動そのものは，特定の個人や団体の所有物でもなければ，国家のものでもない。人類全体のための活動として，あらゆる壁を越えてつながっている先生方のネットワークそのものである。それは，次の時代に必要な新しい思考，価値観，世界観，想像力，すなわち新しいパラダイムを生み出していくことにつながっていく。

このような財団の活動をまとめて，諸先生方と活動の資料を共有することによって，次の段階へ発展的につなげていきたい。そのために財団の7年間の活動を『ワンアジア財団7年のあゆみ』というタイトルで出版することとなった。アジア共同体形成のためのこの時代のヘラルド（使者）である諸先生方が，このような記録・資料を活用することによって，相互理解を深め，ネットワークをさらに拡大してくださることを期待している。

財団は，このような活動が先生方のネットワークによって始まり，現在も行われ，また未来も続くものと確信している。先生方のネットワークが未来の人類の平和につながることを願っている。

最後に，今回の出版のためにお力添えを賜ったすべての方々に心より感謝申し上げたい。

2017 年 8 月 15 日
「ワンアジア財団 7 年のあゆみ」編集代表
鄭　俊坤

も く じ

まえがき　*1*

第 1 章
ワンアジア財団の設立とその目的

1　アジア共同体への視点　*13*

　　1.1　国民国家を超えて　*13*

　　1.2　アジア共同体へのアプローチ　*14*

2　財団の設立とその目的　*17*

　　2.1　財団の基本財産　*17*

　　2.2　財団の目的　*17*

　　2.3　財団が行う事業　*17*

　　2.4　財団の基本理念　*18*

　　2.5　財団の活動原則　*19*

　　2.6　役員および評議員　*20*

　　2.7　顧問　*20*

3　アジア共同体講座　*21*

　　3.1　アジア共同体講座の理念　*21*

　　3.2　人類の英知と未来への信頼に基づく活動　*22*

　　3.3　アジア共同体講座の特徴　*25*

　　3.4　財団活動の広がり　*26*

　　3.5　未来を見つめて　*28*

第2章
ワンアジア財団のあゆみ

1　2009年のトピックス　*31*
　1.1　財団の設立とその目的　*31*

2　2010年のトピックス　*31*
　2.1　事務局の設置とアジア共同体講座構想　*31*
　2.2　韓国放送通信大学での講義　*34*
　2.3　日本におけるアジア共同体講座の開設に向けて　*36*
　2.4　アジア共同体講座をなぜオムニバス授業にしたのか　*39*
　2.5　ネットワーク構築の先駆　*40*
　2.6　国際交流助成を推進　*40*
　2.7　AECF，仁川コンベンションへの歩み　*42*
　2.8　理事会における最初の講座開設承認　*42*
　2.9　スタート時点の日本での講座開設状況　*43*

3　2011年のトピックス　*44*
　3.1　日本の大学でのさらなる講座開設を目指して　*45*
　3.2　3・11東日本大震災の影響　*46*
　3.3　中央アジア歴訪を決める　*48*
　3.4　中央アジア歴訪　*51*
　3.5　コンベンション開催の発案を得る　*52*
　3.6　東京コンベンションの開催　*53*
　3.7　韓国でのアジア共同体講座の開講　*56*
　3.8　東京コンベンションを契機として講座開設が広がる　*56*
　3.9　日本，韓国以外の国・地域で講座がスタート　*57*
　3.10　アジア共同体講座の書籍を出版　*58*
　3.11　アジア経済共同体フォーラム2011で基調講演を行う　*60*

4　2012年のトピックス　*60*

　4.1　新たな国・地域での講座開設　*61*

　4.2　助成講座の定着化を図る　*61*

　4.3　仁川コンベンションの開催　*62*

5　2013年のトピックス　*64*

　5.1　バンドンでの地域コンベンションの開催を決意する　*65*

　5.2　アジア・アフリカ会議の会場でのコンベンション開催　*67*

　5.3　バンドンコンベンションと共同宣言　*68*

　5.4　バンドンコンベンションの特色　*70*

　5.5　地域コンベンションのその後　*71*

　5.6　香港事務所の設立　*72*

　5.7　スリランカ，ロシアでのアジア共同体講座の開設　*72*

　5.8　体制を超えるアジア共同体講座　*72*

　5.9　「アジア共同体研究センター」の設立　*73*

6　2014年のトピックス　*75*

　6.1　アジア共同体講座の常設化　*75*

　6.2　講座常設化に対する大学の反応　*76*

　6.3　常設化大学での授業内容の変化　*77*

　6.4　新たな国・地域での講座開設（2014年）　*77*

　6.5　済州コンベンションの開催　*78*

7　2015年のトピックス　*80*

　7.1　アジア以外の国・地域でのアジア共同体講座開設　*82*

8　2016年のトピックス　*84*

もくじ 7

9 2017年4月現在の講座開設状況とこれからの展望　*87*

第3章
アジア共同体講座

1 アジア共同体講座の開設　*89*

    1.1 なぜアジア共同体講座なのか　*89*

    1.2 講座の現状をどうみるか　*90*

2 助成講座の暦年別の特色　*91*

    2.1 2010年の特色　*91*

    2.2 2011年の特色　*91*

    2.3 2012年の特色　*92*

    2.4 2013年の特色　*92*

    2.5 2014年の特色　*92*

    2.6 2015年の特色　*93*

    2.7 2016年の特色　*93*

    2.8 2017年の特色　*93*

3 アジア共同体講座開設大学一覧　*93*

4 アジア共同体講座を開講して　*182*

5 アジア共同体講座関連資料　*222*

6 助成講座および奨学金関連書類　*230*

7 アジア共同体講座関連出版物 *244*

    7.1 ワンアジア財団の出版物 *244*

    7.2 講座関連の出版物 *247*

第4章
ワンアジアコンベンション

1 ワンアジアコンベンションの開催とその展開 *255*

    1.1 コンベンション開催の目的 *255*

    1.2 コンベンション開催時の大学との連携 *256*

    1.3 コンベンション開催の決定時期 *258*

    1.4 基調講演・ラウンドテーブルへの取り組み *259*

    1.5 分科会について *260*

    1.6 同時通訳について *261*

2 ワンアジアコンベンション東京2011 *261*

    2.1 東京コンベンションの特色 *261*

    2.2 東京コンベンションのプログラム *263*

3 ワンアジアコンベンション仁川2012 *266*

    3.1 仁川コンベンションの特色 *266*

    3.2 仁川コンベンションの財団挨拶 *267*

    3.3 仁川コンベンションのプログラム *269*

4 ワンアジアコンベンションバンドン2013 *272*

    4.1 バンドンコンベンションの特色 *272*

    4.2 バンドンコンベンションの財団挨拶 *273*

    4.3 バンドンコンベンションのプログラム *274*

5 ワンアジアコンベンション済州2014 278

5.1 済州コンベンションの特色 278

5.2 済州コンベンションの財団挨拶 279

5.3 済州コンベンションのプログラム 280

6 ワンアジアコンベンション上海2015 286

6.1 上海コンベンションの特色 286

6.2 上海コンベンションの財団挨拶 287

6.3 上海コンベンションのプログラム 289

7 ワンアジアコンベンションプノンペン2016 294

7.1 プノンペンコンベンションの特色 294

7.2 プノンペンコンベンションの財団挨拶 294

7.3 プノンペンコンベンションのプログラム 296

付録CD ワンアジア財団7年の歩み―2009～2016 資料編―

ワンアジア財団7年のあゆみ—2009〜2016—

第1章 One Asia Foundation
ワンアジア財団の設立とその目的

1 アジア共同体への視点

　最初にワンアジア財団設立の背景とアジア共同体へのアプローチとして財団が重視している視点について簡潔に説明しよう。

1.1 国民国家を超えて

　今日，人類は国家を意識しながら生きている。国家にどのように向き合っていくのかは，その構成員である個人の生き方にも大きな影響を及ぼす。今日の国家は国民国家と呼ばれる。国民国家はその形成過程からおよそつぎの3つの要素によって特徴づけられる。すなわち，①正統性の原理としての民主主義，②組織原理としての自由主義，③国民を心理的に統合するためのナショナリズム，である。国民国家の形成過程では，人々を心理的にひとつに統合するために国民のアイデンティティを形成する必要があった。心のなかに一体感をもたせ，国民がそのなかでエネルギーを発揮できるような統合のプロセスが必要だったのである。

　それぞれの国家は，国民が一体となって国民国家を作り上げるという歴史をもっている。国家はそれぞれ異なる年月をかけて国民を形成してきた。しかし，国民国家は時に他者（他国・他民族）に対して内なる壁を形成する。他の国に対する心のなかのみえない壁，すなわち偏見・先入観などの自国・自民族中心

の壁を作る可能性がある。例えば，ナショナリズム研究では盛んに言及されるが，文化，言語，文学，歴史・考古学などのあらゆる学問，そしてメディアなどの媒体がそのような壁を形成する手助けをしてきたのである。私たち国民は国家単位でものごとを考え，判断し，行動することに慣らされているのである。

　以上のことから，文明が生み出した制度としての国家がもっている壁（制度的な壁），そして国民国家の形成プロセスにおいて人々が心の内面に形成した心理的な壁（内面的な壁），このふたつの壁の問題をグローバル社会のなかでどのように解決（卒業）していくのかが，アジア共同体を考える際に重要となってくる。

1.2　アジア共同体へのアプローチ

　以上の視点から，国家のもつ様々な壁を卒業していくプロセスが求められる。すなわち，様々な壁を越えてゆくための新たな視点に立った研究はもとより，若い世代が壁を越える（卒業する）ための訓練や体験を積み重ねていける場を提供することが必要である。

　アジア共同体へのアプローチは，大きくふたつに分けられる。ひとつは国家の制度的な側面に焦点を置く構造機能論的なアプローチ，すなわち政治・経済，安全保障，環境，エネルギーという側面からのアプローチである。既存の研究のほとんどがこの側面からアプローチしている。自国にとってどのようなメリットがあるのか，またアジアにどのようなメリットをもたらすのか，という視点からのアプローチである。このように構造機能論的アプローチは，国家に焦点をあてる。つまり国益に焦点を置く。国益とは非常に抽象的な概念であり，時には国益という名のもとに困難な状況に立たされることもしばしばである。すなわち，どちらを選択することが国益に繋がるのかという判断が常に生じてくる。この視点からのアジア共同体論は，先に述べたように政治・経済，文化・歴史，教育，そして安全保証などの様々な視点からアプローチされている。しかし，政治・経済や安全保障の視点に立脚した相互協力は，国家や企業の共生

14

ベルリンの壁

に焦点をあてる一面的なものである。

　構造機能論的アプローチであっても，最終的には個人に繋がっていくのであるが，個人に焦点をあてたアプローチではない。国家と国家の関係を中心領域としてアプローチするために，個人が何をなすべきなのか，個人にとって具体的にどういうメリットがあるのかがわかりづらくなっている。地域統合を模索するなかで，システムと組織の変更にのみ着目するこれらの構造・機能論的なアプローチでは，共同体形成やそのためのあらゆる変化の中心にあるべき個人がみえてこない。グローバル化による自由な市場展開と国家の変容は，アジアに生きるすべての人々にとって，またすべての環境や生物体にとっても益となるような開かれたものでなければならない。

　そこで，アジア共同体の構築についてのもうひとつの視点は，地理的・空間的に国境を越える連帯を意味するとともに，ナショナルアイデンティティの形成過程で生み出された他民族・異文化に対する内なる壁を取り壊すものである。

他者への理解と配慮，そして差異に対する包容力を培っていくことによって，国境を越えて隣人と手を携えていける市民社会が創成されるのである。また，このような市民社会によって共通の関心事への連帯も強められていくのである。新たな地域共同体へ繋がるであろう心理的な統合は，情報や価値観の共有を通じて可能となる。特に，情報化時代における情報システムの発達は，共通の時代文化を生み出していくうえで重要な役割を果たす。アジアにおける大衆文化の地域的広がりは，かつてない文化的共時性をもたらしている。これはアジア地域の文化的親和性の現れにほかならない。このことはアジアの市民社会をひとつに繋げていく触媒となり，さらにアジアの多様性のなかで統一をもたらしていく重要な役割を果たしていくに違いない。

　人々が国家や国民という概念に縛られることなく，多民族・異文化で構成される市民社会のなかで生きていくためには，あるいはグローバル化に対応していくためのグローバルな市民意識の形成のためには，シティズンシップ教育が必要である。それを通じて市民社会がグローバル市民としての新たなアイデンティティを形成していくことによって，アジア共同体という新しい地域共同体を形成していくことができる。

　そもそも共同体という概念のなかでは，個人間の親密感，相互の繋がり，感情的な深い繋がり，道徳的な確信，社会的な連帯感・凝集力，時間的・空間的な連続性，というものが重要な要素となっている。世界は格差という問題を抱えているが，格差によって社会にみえない壁が生まれてくるのである。国民国家が目指した国民の統合はみえない壁をなくすことでもあった。そういう意味で，制度的な構造機能論的なアプローチよりもより根本的なアプローチとして，文化交流，人的交流，教育が重要であることはいうまでもない。このようなアプローチを通じて，国家の壁を越える新しい考え方，価値観が生まれてくる可能性は十分にある。

　このような議論を踏まえ，ワンアジア財団はこれらのふたつのアプローチからアジア共同体を志向することが重要と考えている。そこで，財団は，多様な

視点と分野からなるアジア共同体講座をオムニバス形式の授業として多くの大学でサポートしている。

2 財団の設立とその目的

ワンアジア財団は 2009 年 12 月 21 日に設立登記をし，創成された。
財団の目的・基本理念・活動原則等は以下のとおりである。

2.1 財団の基本財産
約 100 億円である。

2.2 財団の目的
「将来に向けたアジア共同体の創成に寄与すること」である。

2.3 財団が行う事業
定款に定める財団の事業活動は，以下のとおりである。
（1） 将来のアジア共同体の創成に寄与するという共通の目的を有する団体に対する助成
（2） 将来のアジア共同体の創成に向けた，アジア共同体に係わる学科・教科・講座を創成するアジア各国の大学または担当教授等への助成
（3） 将来のアジア共同体の創成に向けた，税制・金融制度・通貨制度等の諸制度や諸システムを専門的に研究する機関または研究者への助成
（4） 上記（2）の学科・教科・講座を受講している学生への奨学金の助成
（5） 将来のアジア共同体の創成を促進するための学術・文化・スポーツ交流への助成
（6） その他，この財団の目的達成に必要な事業
※現在はアジア共同体講座開設大学への助成と，大学生に対する奨学金助成

を主たる活動としている。

2.4 財団の基本理念

当財団は，将来に向けたアジア共同体の創成に寄与することを目的とする。そのために，アジア各国の幅広い経済・教育・文化交流および市民交流を通じて，共通の価値観を醸成するとともに，アジア各国市民の相互理解および交流促進に向けた活動を行う。これらの活動が目指す目標は，豊かで平和で安全なアジア共同体を創り，人々が夢と希望をもって快適に生きることにあり，さらには世界の平和と安定につなげていくことにある。

ヨーロッパ諸国では EU が誕生し，28 カ国 5 億人を超える市民が国家の枠を超えて共存共栄のため地域統合をすすめている。多様性を前提にして共生の道を歩む EU は域内の市民に多大な利益を与えており，21 世紀の多文化共生社会に向けてのモデルを追求している。21 世紀を生きる個人にとっては，「国家」や「国民」という概念に縛られることなく，多民族・多文化で構成される市民社会のなかで生きることが求められている。

これまでも，東北アジア，東南アジアおよび中央アジアを含めた 40 数カ国，世界の人口の半数以上を占める約 44 億人の共同体ができるだけ近い将来に創成されることを目指して，国境を超える市民交流等の活動を行ってきた。今後，より活発な活動を行い，その輪を広げて行くための将来に向けた共同体の創成に寄与して行きたい。

現在，アジアは，政治・経済・文化など様々な分野において，世界で最も注目されている地域のひとつである。アジア社会は文化的・歴史的・社会的に共通性・親和性を有している一方，多様で異質的な側面も多く含んでおり，アジアの近・現代の歴史は，国家の壁・国境の垣根を乗り越えることができず今日に至っていることは否めない。

しかしグローバル化と情報化の進展はアジア社会に社会秩序や価値判断，そして行動様式にいたるまで劇的な変革をもたらそうとしている。事実，アジア

では政治・経済・文化だけでなく，様々な分野で国境・地域を超えた協力関係が樹立され深化しつつある。

　こうした大きなアジアおよび世界の潮流の変化のなかで，当財団が目的とするアジア共同体の創成とその実現に向けての活動は，かならずやアジアのみならず世界の平和と安定，人類の夢と希望へつながっていくものと考えている。

2.5　財団の活動原則

（1）民族・国籍を問わない

　当財団は，様々な活動を通じて，基本理念を広くアジア全域に広げていくにあたって，国境という既成の枠組みにとらわれない。民族や国籍はアイデンティティの形成にとって重要なファクターではあるが，それに縛られることなくより高い次元へと昇華していかなければならない要素である。したがって，当財団は全ての民族や国籍に対して開かれており，その活動は民族や国籍を問わない。

（2）思想・信仰・宗教を拘束しない

　当財団は会員の思想・信仰・宗教に関する一切の権利を拘束しない。当財団はそれらの活動を行わない。個人の思想・信仰・宗教は最も尊重されるべきである。

（3）政治に介入しない

　当財団は政治に介入せず，政治活動を行わない。しかし会員が個人として政治活動を行うことについては制限しない。

　当財団に参加し活動する者は，以上の3つの活動原則を遵守するものとする。これらの活動原則はあらゆる活動を推進する際に遵守すべき規範であり，普遍的なものとして共有されるものである。

第1章　ワンアジア財団の設立とその目的　19

2.6　役員および評議員

理事長　佐藤洋治

理　事　佐藤公平，菅千太郎，小澤由雄，國澤良幸，川辺悦史，中島基之

監　事　本郷尚，近藤環，末木博

評議員　横山和夫，谷口晶貴，結城義晴，瀧口匡，牛島憲明，佐藤泰平

2.7　顧問

秋元司（国会議員），アスカー・クタノフ（キルギス工科大学〈キルギス〉・教授），石井一（元国会議員），石井登志郎（元国会議員），岩屋毅（国会議員），魏志江（中山大学〈中国〉・教授），生方幸夫（前国会議員），大村秀章（愛知県知事），小川勝也（国会議員），小沢鋭仁（国会議員），海江田万里（前国会議員），金在仁（淑明大学〈韓国〉・教授），金汝善（済州大学〈韓国〉・教授），金哲（安徽三聯学院〈中国〉・副学長），木村政司（日本大学〈日本〉・教授），木村太郎（国会議員），国広ジョージ（国士舘大学〈日本〉・教授），権宇（延辺大学〈中国〉・教授），古賀一成（元国会議員），小林興起（元国会議員），蔡敦達（同済大学〈中国〉・教授），佐藤三武朗（日本大学国際関係学部〈日本〉・前学部長），下条みつ（元国会議員），徐静波（復旦大学〈中国〉・教授），趙南哲（韓国放送通信大学〈韓国〉・前総長），鈴木克昌（国会議員），髙木毅（国会議員），高橋章（日本大学〈日本〉・教授），田中和徳（国会議員），辻恵（元国会議員），ディアンニ・リスダ（インドネシア教育大学〈インドネシア〉・教授），中川秀直（元国会議員），中山義活（元国会議員），西村康稔（国会議員），野田慶人（日本大学芸術学部〈日本〉・学部長），野田聖子（国会議員），朴済勲（仁川大学〈韓国〉・教授），羽田孜（元国会議員），羽田雄一郎（国会議員），樋高剛（元国会議員），平井たくや（国会議員），牧義夫（国会議員），増子輝彦（国会議員），松浪健太（国会議員），松下新平（国会議員），松島みどり（国会議員），松野頼久（国会議員），松宮勲（元国会議員），水戸将史（国会議員），文興安（建国大学〈韓国〉・教授），柳澤光美（前国会議員），山岡賢次（元国会議

員），楊武勲（曁南国際大学〈台湾〉・教授），羅鐘一（又石大学〈韓国〉・元総長），李曉洙（韓国放送通信大学〈韓国〉・教授），李尹甫（建国大学〈韓国〉・教授），李愛俐娥（早稲田大学〈日本〉・教授），李麦収（河南大学〈中国〉・教授），ロイ・レスミー（王立プノンペン大学〈カンボジア〉・教授）

2016 年 12 月現在

3 アジア共同体講座

3.1 アジア共同体講座の理念

ワンアジア財団のアジア共同体講座への取り組みは 2010 年に始まり，急速に拡大し続けている。

財団理事長・佐藤洋治は長年にわたる哲学的探究の結果，人種・民族・国籍を超えた人類の共存という普遍的なテーマに目覚めた。そして，このことが財団をスタートさせるきっかけとなった。理事長・佐藤のアジア共同体の創成を目指す熱意は多くの大学教授の共感を生み，つぎの時代を担う各国の大学生に対するアジア共同体創成へ向けた教育活動が盛んに行われている。

ワンアジア財団が助成講座という形で，アジア共同体創成の取り組みを始めたきっかけは，大学教授との交流を通じて大学が抱える様々な課題を知らされたことである。ひとつのテーマに基づいた授業をしたいと大学の先生が思っても，大学から予算を取ることは至難の業である。アジア共同体創成というテーマには，多くの先生が共鳴してくださったが，その先になかなか進まない。さらには，大学は他大学との交流に乏しく，どちらかというと「保守的」で「内向き」ということがわかってきた。財団による助成講座であれば，先生方が抱えているこのような課題をクリアできるのではないか，そして大学の従来の体質を変革する一助にもなるのではないかとの考えが浮かんだ。

理事長・佐藤は高校生のころから，「自己（自我）とは何か」，「人間とは何か」，「生命とは何か」，「実体とは何か」という疑問を抱くようになった。しか

第 1 章 ワンアジア財団の設立とその目的 21

し，それらは，どれも簡単に答えが導き出せるような問題ではなかった。自己を知ることへの興味は，その後，哲学的探究へと発展していく。様々な文献を読み，幾多の国の専門家と意見交換をし，探求の道を深めていった。

　そのような探求のなか，およそ2700年前にギリシャ中部のパルナッソス山の南麓に建てられたデルフォイの神殿の入り口に刻まれた3つの格言のひとつ，「$\gamma\nu\widebar{\omega}\theta\iota\ \sigma\varepsilon\alpha\upsilon\tau\acute{o}\nu$ (gnōthi seauton)」，日本語で「汝自身を知れ」というギリシャ語のフレーズに出会う。当時，七賢人のひとりとされたタレス（前624〜前546）という哲学者の言葉である。のちにアリストテレス（前384〜前322）は賢者タレスを「哲学の祖」として敬意を表している。自己とは何か。このテーマは古代ギリシャの哲学者のあいだでも，大きな関心事で，現代においても，各人が命題として向き合わなければならない。

　理事長・佐藤は，「これらのテーマを掘り下げていく先に，未来へ向かう扉が待っている」と信じるようになったことで，アジア共同体の創成というとてつもなく大きな課題にも希望をもって取り組んでいけるようになった。生きていくうえでの普遍的なテーマ，国籍を問わず，過去から未来にわたる人類共通のテーマと向き合うことによって新しい展開が開けたのである。こうした発想から生まれる世界観は，必然的に「ワンアジア」へ，そして「ワンワールド」へとつながっていく。

3.2　人類の英知と未来への信頼に基づく活動

　哲学的なテーマを掘り下げていく一方で，「人は無意識のうちに，いくつかの壁（障壁）を盾にして人と付き合い，生活している」と理事長・佐藤は考えるようになった。壁は主に3つ存在する。そのひとつ目は，自己の利益や考えを主張し合うことで生まれる，自己と他己とのあいだに存在する「自己の壁」。ふたつ目は，所属する企業や団体において，他社や他の団体とのあいだに存在する「企業・団体の壁」で，企業内においては「組織間の壁」も存在するだろう。最後は「国や民族間」における壁である。これらはいずれも，利害関係が相反

万里の長城

しやすいところに立ちはだかる。企業収益，国益といった言葉には，それぞれの壁の内側にいる者に有利な条件や決定をもって良しとする発想が強く反映されている。こうした自己や国籍，民族に至るいくつかの壁によって，社会や世界の秩序は構築されている。

　今日，島々をめぐる領有権が，日本と中国，日本と韓国とのあいだで問題になっている。これらはまさに国の壁による大問題といえよう。ロシアとのあいだの北方領土問題も同じことである。互いが自己や自国の利益を主張し合うだけでは，こうした問題の解決は難しい。

　こうした国家間にある領土問題の現実を目のあたりにすると，「アジア共同体の創成」は夢想に過ぎないのではないかと思われるかもしれない。現在，アジア共同体という組織はないし，こうあるべきだという固まった理念もない。アジア共同体創成への模索が始まったばかりでしかない。だからこそ，可能性がないと考えるよりも，かえって希望をもって取り組んでいくことができるので

ある。アジア地域に存在するすべての問題を短時間で解決しようとしたり，国家統一や民族統一を帝国主義路線で進めようとしたりというのではない。アジア共同体創成への模索が人類の英知と未来への信頼に基づく活動であると信じるのである。

各大学で行われるアジア共同体講座の最終日には，都合のつく限り理事長・佐藤が壇上に立ち，まず，前述した3つの壁についての話を切り出す。自己の壁，企業・団体の壁，国・民族の壁というように，いずれの場面にも壁が存在することを意識させ，自己の利益だけを主張することが難しい時代に入っていることや，自己利益優先で妥協できない状態に陥っていることを認識してもらう。

3つの壁のどれをとっても，それを取り除くのはなかなか難しいだろうという前提に立ち，まず，自己の利益，企業・団体の利益，国・民族の利益を壁のなかから主張し合い，十分に主張し尽くした先に，新たな境地があると想定する。やがて時代が進む過程で，もっと広い視点から壁を卒業し，未来に向けて歩き出すことができる。

壁をめぐる国と国のあいだの交渉に至っては，国益を損ねる可能性があって問題解決は難しく，政治的な介入も権力闘争のようになりがちでうまくいかないことが多い。しかし，エンドレスで問題を抱え続けるわけにもいかない。いずれは解決方法を導き出さなければならないだろう。これが，壁からの卒業の時期だ。それぞれの壁を卒業して，すべての関係者がベターな状況になる方法を考える。そのことで良い解決策を生み出すことが必ずできる。未来に必ず卒業のときが来ることを信じ，財団は夢と希望を持ち続けながら活動をしている。国，地域，世界の新たなあり方を，未来を担う学生に託すこと，そのための学習・研究機会を提供することが，財団が取り組むアジア共同体講座の目的である。

3.3　アジア共同体講座の特徴

　アジア共同体講座の特徴は，まず各大学においてオムニバス形式で行われていることである。ひとりの人間を理解するためには，顔などの外見のみえるところだけでなく，コミュニケーションを交わすことによって性格や趣味やあらゆる視点からみる必要がある。同じく，国家などの共同体を理解するには様々な側面からアプローチをしなければならない。アジア共同体への従来のアプローチは，政治，経済，安全保障，環境，エネルギーなどから行うのが一般的である。しかし，ワンアジア財団はそれだけではなく，文化，歴史，教育，芸術，あるいはスポーツなどのあらゆる領域からアプローチをして，アジア共同体の理解と創成に繋げていこうとしている。

　オムニバス方式のため，外国から大学教授や専門家を呼ぶことができる点も人気を呼んだ。ほかの大学から教授を招いて授業をしたことがないという大学も多く，外国語での授業も目新しいと人気を集めている。外部から専門家を迎えての授業は大学でも珍しく，これまでの「閉ざされた大学」から，「開かれた大学」への改革の流れにも貢献することとなっている。

　アジア共同体講座のもうひとつの特徴は，教養課程の科目のひとつとすることを推薦していることである。受講生には教養課程において，幅広いアジアに対する理解を得たうえで専門領域に進んでほしいと思っている。自分がアジアをどのように理解しているのか，さらに自分はアジアとどのような関わりがあるのか，アジアでの自分の役割は何なのかを考えてほしい。そして，自分とアジアと世界との関わりについての問題意識をもって専門の研究に入る。そのきっかけにしてほしいのである。財団が共同体のビジョンを提示したり，モデルを提案したりすることはない。つぎの世代の主役となる学生にこそ，共同体について考えてほしいのである。既成世代が思っている国家意識と価値観は，20代の学生が考えていることとは異なるはずである。

　講座の最終日には，成績が優秀と認められた複数の学生に財団から奨学金が手渡される。未来を担う若者の学習の一助になればとの思いからである。依頼

された場合，理事長・佐藤は都合がつく限り最後の授業を受け持ち，奨学金と奨学証書を学生ひとりひとりに自らの手で渡している。

3.4　財団活動の広がり

財団の活動に共鳴する大学教授によって講義されるオムニバス方式の講座を通じて，財団の取り組みは国を越え，民族を越え，言語を越えて伝播していく。

では，なぜわずか7年のあいだに，アジア共同体講座が世界中に広がったのか。それには，主に3つの理由が考えられる。

第1番目は，アジア共同体講座を担当する先生方の熱意と人的ネットワークである。時代の流れが地域統合に向かっていたこともあったが，先生方の人的ネットワークが空間的な壁を越えて世界各地に講座が拡がるうえで最も重要であった。また，各大学の先生方のこのような講座を学生に提供したいという情熱が講座開設を可能にした。大学の知名度よりも，その大学にどういう先生方がいらっしゃるのかが重要になったのである。財団は，先生方の人的ネットワークが活性化するようにサポートしていった。

第2番目は，財団の立ち位置である。大学教授のネットワークが広まることで開講が増加しているのは事実であるが，講座が各国の国立大学を含めて広がっているのは，財団の立ち位置にも理由があろう。財団のオフィスは東京と香港にある。しかし，国から一切支援を受けていない。そのために，国の利益を代弁する必要はない。それゆえ財団本来の趣旨に基づいて活動できる。特定の国から制約を受けないこと，国の利益を代弁しないことは，他の国からすると講座を受け入れやすいことにつながる。

特に中国では，日中関係の悪化や政治体制の違いなどがあるにもかかわらず，開講大学の多くが国立大学で，その数も増えている。また，韓国においても，同様に日韓関係が必ずしも良好といえないなかで，講座の開講が増加している。ニュートラルな民間の立ち位置だからこそ，政治的な衝突という障壁でさえ，乗り越えることができるのである。

中国で最初に講座開設を進めた大学は，「財団の運営方針を慎重に検討していた」という。結果的には財団のニュートラルなスタンスと見返りを求めない姿勢が理解され，その後は中国の多くの大学に講座が広がっていった。

　また，国だけでなく，特定の企業や団体からも支援を受けていない。財団は理事長・佐藤の個人資産の拠出を得て設立・運営されている。特定の企業が関連事業として運営しているのではない。ワンアジア財団は企業の目的や利益のために，または企業の宣伝のために活動しない。世の中には特定企業の利益や宣伝のための助成講座が存在するが，財団の助成講座では講座名にはかんむりを付けないことを徹底している。個人の名誉を求めたり財団の売名行為を行ったりしているわけではない。講座のテーマが合致していれば，内容はそれぞれの大学が自由に設定できるようになっていて，できるだけ財団は表に出ず，ニュートラルな立ち位置のまま講座を進めている。特定の色が付いている財団からの助成講座だと難しいという大学が多いなか，各大学に財団の講座が受け入れられる理由がここにある。

　さらに，財団は個人または団体の栄誉のための活動も行っていない。団体や個人の栄誉のためではなく，人類が安全で平和に生きる「ワンアジア」さらには「ワンワールド」のために活動しているのである。

　例えば，財団に対してある国からは勲章の提案が，またある平和団体からは平和賞の提案が，またいくつかの大学からは栄誉に関連する提案があった。財団は，そのような提案を受け入れることは一切なかった。つまり特定の国や団体，特定の大学と関わることによって，財団の活動が制約されてはならないのである。国のため，個人や団体の名誉のために活動していないことが，財団のアジア共同体講座が世界に広がる一要因であると考えている。

　第3番目は，この講座そのものが，学生から支持を受けていることである。学生から非常に人気のある講座となり，アジア共同体講座が正式な常設科目となっている大学は現在100以上になっている。この講座が最も人気のある科目として定着している大学も多く，また受講生数が500名から1000名近くになっ

ている大学もある。また，前期，後期に併設する大学や，履修登録開始からわずか数分で受講定員に達してしまう大学もある。

財団の講座が，「自由な研究スタンスを保障する」，「国益を代弁しない」，「企業名と，人名も出さない」というニュートラルな立ち位置にあるからこそ，わずか7年のあいだに講座が世界中に広がったと考えられる。そして，現在の視点，知識という枠組みでものごとを考えるのではなく，新しい価値観，パラダイムから価値を見出そうとする姿勢への変化は必ず起こるという未来を信頼する財団の姿勢が支持されていると自認している。

新しいロジックを考えていくことは，今の世代では難しい。新しい世代にこそ委ねられるべきものだ。よりよい未来のために学問が大切なことを理解する専門家を国内外から招くことは大学の活性化，授業の活性化につながる。さらに，学生へも良い刺激となり，思考・発想の変化が期待できる。ネットワークの広がりと講座開設の増大によって閉鎖的になりがちな大学間の壁が取り払われ，開放的な交流が深まっている。各国で若い大学生世代にも，財団の精神が響いているのである。

財団の首席研究員・鄭は「教授のネットワークこそが財団の貴重な財産」であるという。理事長・佐藤は当初から，「広くアジア地域に教授のネットワークが4000人くらいにまで広がってほしい」と望んでいたがそれは既に実現された。そのネットワークが生み出す大きなパワーは，無理と思われがちなアジア共同体創成へ向けての多くの課題を，ひとつずつ解決していくことにつながっていくだろう。そのためのアジア共同体講座で，これが財団の大きな目標でもある。

3.5 未来を見つめて

今のリーダーたちの発想の延長上に人類が未来の希望を見出せるかというと，決してそうではないだろう。各国の大学で講座を受講した学生は20年後には40歳台になり，それぞれの国で重要な地位に就いていることを，アジア共同体

28

講座は見越している。教育を通じた人材育成が，新しい時代を拓く大切な投資となることを十分に理解してのことである。それゆえに今，学生の皆さんには，過去と現在についての十分な知識を取り入れ，分析していくことで未来について考えてほしい。民族，国籍，宗教の問題を卒業して争いがなくお互いに助け合える世の中を将来作るために，希望をもって歩んでもらいたい。その希望を20年間持ち続けてもらいたい。そうしたことが実現したとき，20年後の各国の教授によるアジア共同体の研究は大きく進展し，現在の受講生たちによる国を越えた共同体創成に向けた交流が盛んになるに違いない。そしてやがて彼たちの時代に，新たな仕組みの世界を実際に具体的に構築していただきたい。そのひとつの通過点，ステップとしてアジア共同体の創成というテーマもあるのである。

第 2 章 | One Asia Foundation
ワンアジア財団のあゆみ

1　2009年のトピックス

　2009年12月に一般財団法人ワンアジア財団の設立登記がなされた。財団の目的，事業内容，基本理念，活動原則等についてはすでに第1章に記載したとおりである。

1.1　財団の設立とその目的

　ワンアジア財団は，2009年の創成時から定款に財団の目的を「アジア共同体の創成に寄与する」と記載している。しかし，実際に活動が始まるのは2010年になってからであった。

2　2010年のトピックス

　ワンアジア財団の事務局が設置され，第1回理事会において事業計画書が承認された。さらに第3回理事会においてアジア共同体講座の大学における開講が承認された。以下，これらを中心に2010年の歩みを振り返る。

2.1　事務局の設置とアジア共同体講座構想

　2010年に入り，まずスタッフをそろえることから財団事務局の組織作りが

財団オフィス建物外観

財団目前の日暮里駅

始まった。2月に入り，現在，財団の事務総長である西塚英和が10日に，同じく事務局次長であるメリット千明が20日に，スタッフに加わるべくワンアジア財団理事長・佐藤洋治との面談のために財団を訪れている。

それに先立ち，財団の設立以前から理事長・佐藤とともに歩んできた鄭俊坤博士が財団の首席研究員に就任していた。

2010年2月23日に西塚が再度，理事長・佐藤洋治と面談したおりに，理事長は大学を中心にアジア共同体講座を開催していくことを述べている。このときすでに理事長・佐藤の頭のなかには講座開設の構想があったといえよう。

3月1日に西塚とメリットは財団のスタッフとなった。西塚は事務総長に就任した。すでに設立準備の段階で事務局長へは二村治朗が就任していた。

事務総長・西塚の最初の仕事は事業計画書を作成することであった。3月31日に財団理事会および評議員会が招集されているので，それまでに事業計画書の作成を間に合わせることを依頼された。先に述べたように，定款は前年の財団設立時にできあがっており，「アジア共同体の創成に寄与する」ことは定款で決まっていた。しかし，アジア共同体講座の開設・研究助成・国際交流助成などその後，財団の助成活動の中心となっていく事業はこの時点ではいまだ決まっていなかった。事務総長・西塚は，「その当時は，これからいったい何をやって

ソウル講演 (2010.3.22)

ソウル講演の聴衆 (2010.3.22)

第2章 ワンアジア財団のあゆみ 33

いけばいいのかよくわからなかった」と振り返る。事務総長・西塚の苦悩の日々が続くのであった。首席研究員・鄭も、「当初は、この財団をどのように運営していくのかわからず、ほかの財団組織をいろいろ調べたが、まったく参考にならなかった」という。アジア共同体という取り組みの内容が特殊であったことも大きな理由であった。すべては自分たちで、ゼロからひとつずつ手作りするしかないと覚悟を決めた。第１回の財団理事会が３月に開催され、事業計画書は採択された。

ソウル講演時インタビュー記事（2010.3.25 中央日報）

2.2　韓国放送通信大学での講義

2010年3月22日韓国・ソウルにおいて実業家約200名を対象に理事長・佐

韓国放送通信大学での講義収録風景

34

ワンアジア財団のあゆみ

2003年	8月	NPO法人ワン・アジアクラブ発足。 日本，韓国，中国，モンゴルの有志150名が集まり，将来に向けたアジア共同体の創成を目指す活動を開始。その後，ワン・アジアクラブは，7カ国13都市に拡大。
2009年	12月	一般財団法人ワンアジア財団を設立。 NPO活動を休止，アジア共同体の創成に寄与するために，大学でのアジア共同体論の講座開設に対する助成を主な活動とする。
2010年	3月	事務所開設，専任スタッフ3名を配置。
	6月	韓国放送通信大学で理事長講義収録。
	8月	韓国放送通信大学で，理事長の特別講演放映。
	9月	日本，韓国で助成講座が初開講。
2011年	5月	中央アジア4カ国訪問（カザフスタン・キルギス・ウズベキスタン・タジキスタン）。
	7月	東京で第1回ワンアジアコンベンションを開催。 7つの国・地域から大学教授・学生100名を含む約380名が参加。
	8月	東京メトロポリタンテレビの特集番組（30分）にて，財団の活動の紹介（『目指せアジア共同体』ワンアジア財団）。
	9月	中国，モンゴル，インドネシア，キルギスにて助成講座が初開講。
	11月	ワンアジア財団叢書を出版　『アジア共同体の創成に向かって』芦書房。
2012年	1月	タイで助成講座が初開講。
	2月	台湾，カザフスタンで助成講座が初開講。
	7月	仁川（韓国）で第2回ワンアジアコンベンションを開催。 大学教授140名，学生70名を含む約350名が参加。
	9月	香港で助成講座が初開講。
2013年	2月	シンガポールで助成講座が初開講。
	3月	バンドン（インドネシア）で，バンドン会議の会場となった博物館において，第3回ワンアジアコンベンション（東南アジア・南アジア地域対象）を開催。アセアン9カ国を含む14の国・地域から，74の大学の教授130名，学生を含む約280名が参加。
		スリランカ，ロシアで助成講座が初開講。
	5月	ワンアジア財団香港事務所開設。
	8月	カンボジアで助成講座が初開講。
	9月	ベトナム，マレーシアで助成講座が初開講。
	11月	『ワンアジアの使者たち―アジア共同体をめざして―』芦書房を出版。翌年には，5カ国語（英語・韓国語・中国語・インドネシア語・ロシア語）に翻訳出版。
	12月	アジア共同体を常設科目とすることが決まった大学が延べ16校となる（日本2校，韓国6校，中国4校，台湾1校，インドネシア1校，キルギス2校）。

藤が講演を行った。講演において理事長は自らのアジア共同体についての考え
を初めて披瀝した。聴衆のなかには，韓国放送通信大学の李暳洙教授などの大
学教授も何人か参加していた。この講演会後の食事の席で，李暳洙教授から韓
国放送通信大学でも本日のような講演を授業として行ってほしいという話があっ
た。翌日，理事長に大学での講義の話を伝えると理事長は快諾した。

　その後，李暳洙教授の紹介で，韓国放送通信大学総長に理事長・佐藤が面会
すると，意気投合し，話はトントン拍子で進んだ。6月21日に理事長の「アジ
ア共同体の創成」についての講演が放送通信大学のスタジオで収録され，8月
に2回にわたって韓国放送通信大学の講座としてテレビ放映された。韓国放送
通信大学には，約20万人が在学しており，テレビ，インターネット，そして
教室での講義によって，授業を行っている。理事長のテレビ講演は，在学生の
ほかに全国ネットワークを通じて約100万人の一般の人々が視聴したとのこと
である。これがアジア共同体についての理事長の大学における最初の講演となっ
た。この放映を通じて，理事長は大学でアジア共同体講座を開設できるとの確
信をもつに至った。なお，この放送内容は後日，韓国語以外にも英語，中国語，
ロシア語へ翻訳され，それぞれ冊子およびDVDにまとめられた。また，放送
内容はビデオ収録され，それを用いて全学規模の講義が1年を通して行われる
ようになった。

　なお，12月21日にも，理事長・佐藤は韓国放送通信大学において，特別講
義として「やがて世界はひとつになる」というテーマでテレビ収録を行い，収
録後，趙南哲総長をはじめ大学関係者と歓談した。その後，趙南哲総長は財団
の顧問に就任し，また2011年の「ワンアジアコンベンション東京」にはパネ
リストとして参加した。

2.3　日本におけるアジア共同体講座の開設に向けて

　静岡県三島市にある日本大学国際関係学部において，ワンアジア財団の助成
によるアジア共同体講座を開講したいという話が4月の初めにあった。

	3月	ラオスで助成講座が初開講。
2014年	8月	済州道(韓国)で, 第4回ワンアジアコンベンションを開催。アジアをはじめ, 29の国・地域, 200の大学から, 約580名の教授および大学関係者が参加。後日, 同コンベンションをまとめた書籍を済州大学が出版。『아시아의 꿈과 신아시아인 육성을 위한 교육―One Asia Convention Jeju 2014―』。『Asian Dream and Education for Neo-Asians―One Asia Convention Jeju 2014―』。
	9月	トルコ, アメリカで助成講座が初開講。
	12月	アジア共同体を常設科目とすることが決まった大学が延べ49校となる(日本12校, 韓国15校, 中国11校, 香港1校, 台湾2校, タイ1校, インドネシア2校, キルギス4校, カザフスタン1校)。
2015年	8月	上海(中国)で, 第5回ワンアジアコンベンションを開催。アジアをはじめ, 30の国・地域240の大学から, 約600名の教授および大学関係者が参加。後日, 同コンベンションでの発表内容をまとめた書籍を復旦大学が出版。『构建亚洲命运共同体―"One Asia Convention 2015 上海大会"論文集』。
	9月	カナダで助成講座が初開講。
		冊子『やがて世界は1つになる』を4カ国語(日本語・韓国語, 中国語・ロシア語)で発行(のちにDVDを日本語および英語で発行)。
	10月	イタリア, コンゴ民主共和国で助成講座が初開講。
	12月	アジア共同体を常設科目とすることが決まった大学が延べ72校となる(日本13校, 韓国23校, 中国15校, 香港2校, 台湾3校, タイ1校, ベトナム3校, カンボジア2校, インドネシア3校, キルギス4校, カザフスタン1校, モンゴル1校, ラオス1校)。
2016年	1月	バングラデシュで助成講座が初開講。
	2月	オーストラリア, イギリスで助成講座が初開講。
	8月	プノンペン(カンボジア)で, 第6回ワンアジアコンベンションを開催。アジアをはじめ, 31の国・地域, 250の大学から, 約600名の教授および大学関係者が参加。
	10月	ポーランドで助成講座スタート。
	12月	アジア共同体を常設科目とすることが決まった大学は延べ99校となる(日本16校, 韓国32校, 中国26校, 香港2校, 台湾4校, タイ1校, ベトナム3校, カンボジア2校, インドネシア4校, マレーシア1校, キルギス4校, カザフスタン1校, モンゴル1校, ラオス1校, アメリカ1校)。
		冊子およびDVD『やがて世界は1つになる 〈どこから来たの? 何者なの? どこへゆくの?〉』を発行。翌年には冊子・DVDともに, 4カ国語版(英語・韓国語・中国語・ロシア語)をそれぞれ発行。
2017年	1月	アイルランドで助成講座が初開講。
	2月	スペインで助成講座が初開講。
	3月	オーストリアで助成講座が初開講。

第2章　ワンアジア財団のあゆみ　37

講義原案は，オムニバス方式の授業を組むために大学と財団が協議を重ねた結果，5月中旬にはできあがった。しかし，政治分野の講義が入ることで，大学の政治的中立性などが保たれるかどうかを危惧する声が一部の大学関係者のなかにあった。政治分野といえどもアカデミックなものであることを説明することで，関係者の了解を得た。

　2010年9月から日本大学国際関係学部でワンアジア財団によるアジア共同体講座がスタートした。これは，日本における最初のアジア共同体講座開設であった。この講座の第2回講義（2010年10月7日）には，首席研究員・鄭がガイダンス講義を行い，最終講義（2011年1月13日）には理事長・佐藤が

日本大学国際関係学部最終講義（2011.1.13）

日本大学国際関係学部の奨学生（2011.1.13）

日本大学国際関係学部開講の新聞報道（2010.11.14 静岡新聞）

「アジア共同体の創成に向かって」というタイトルで講義を行った。なお，この最終講義終了後，優秀な学生に対し奨学金が授与された。

2.4　アジア共同体講座をなぜオムニバス授業にしたのか

　財団の助成によるアジア共同体講座は半期約15回以上の講義で構成されるが，その講義を担う講師は1人ではなく，オムニバス方式で行うこととした。オムニバス方式とは毎回異なる講師が授業を担当するものである。多様なアジアを理解するためには多様なアプローチが必要であり，多くの講師が参加することが好ましいと考え，理事長・佐藤が提案した方式である。これを，政治・経済・安全保障・文化などの多様な分野から講師を招聘する形式として，首席研究員・鄭が具体化させていった。しかし，オムニバス方式の授業は，大学ではオープン講座以外ではなじみがないものであったため，理解を得るのに大変苦労した。

　財団が助成するアジア共同体講座は，現在，3つの要件さえクリアすれば申請できる。第一に，「アジア共同体創成に寄与する視点で講義が行われること」である。ただ単にアジア地域について講義するだけでは要件を満たさない。次は，「授業を毎回，違った専門家が行うこと」で，国内外の専門家が授業ごとに替わって講義をする「オムニバス方式」を採用すること。講義は，半期または年間（通期）にわたって開かれなければならない。毎週1回の授業では，半期15回，あるいは通期30回程度の講義となる。その回数分，専門家をそろえるという点で，ユニークな構成といえよう。これが学生の人気を呼ぶ要因となっている。

　最後は，「卒業単位となる授業」でなければならないことである。卒業単位がないと市民講座のような形で終わってしまい，結果的に学生の勉学意欲につながらない。単位認定をする授業の設置は，大学の教授会での承認が必要になるため，アジア共同体講座に取り組む教授の熱意がないと難しいケースも出てくる。

第2章　ワンアジア財団のあゆみ　39

なお，講座開設校の選定においてはシラバスの評価に重点を置いていることはいうまでもない。

2.5 ネットワーク構築の先駆

日本大学国際関係学部での開講にあたっては，EU での経験に基づいてアジア共同体について講義してくださる適任者がなかなか見つからなかったため，政治学・国際関係論についての専門書の発行を得意とする出版社，芦書房から神戸大学の坂井一成教授を紹介していただいた。日本大学とはつながりのない先生であったが講師依頼を引き受けていただくこととなった。その後この縁がきっかけとなり，神戸大学においてもアジア共同体講座を開設することができた。これはアジア共同体講座に講師として参加した先生がつながっていき，開設校が拡大していく一例となった。

2011 年に財団の助成によるアジア共同体講座を開設する大学の数が 10，20 になると，先生たちのネットワークを通じてさらにアジア共同体講座開設大学が拡大していくことになったのである。

首席研究員・鄭は「教授のネットワークこそが財団の貴重な財産」であるという。理事長・佐藤は当初から，「広くアジア地域に教授のネットワークが 4000 人くらいにまで広がってほしい」と望んでいたが，それはすでに実現されている。そのネットワークが生み出す大きなパワーは，無理と思われがちなアジア共同体創成へ向けての多くの課題を，ひとつずつ解決していくことにつながっていくだろう。そのためのアジア共同体講座で，これが財団の大きな目標でもある。

2.6 国際交流助成を推進

財団として活動を始めた当初は，大学への講座開設助成のほかにも「国際交流助成」活動も行った。2010 年 8 月 20～23 日に開催された「アジア青少年文化交流祭典」（日中新聞〈人民日報海外版〉・亜州青少年芸術盛典共催）では，

日本と中国から合わせて約130名が参加し，日中の青少年交流が行われた。

また，2010年10月11日に韓国・ソウルで行われた「日韓文化交流会2010」（日本大学国際関係学部〈NPO法人伊豆地域振興研究所〉，NPO法人地球文化交流協会などが共催）には日本と韓国から約300名が参加し，理事長・佐藤のアジア共同体に関する講演と日韓の伝統舞踊公演などを通して参加者の交流がなされた。

AECF2010のプログラムブック表紙

AECF2010でのスピーチ

AECF2010の聴衆

2.7 AECF，仁川コンベンションへの歩み

2010 年の夏，仁川大学（韓国）の朴済勲教授とその奥様である祥明大学（韓国）の鄭賢淑教授が財団へ来訪された。雑誌などのメディアで理事長・佐藤のインタビュー記事などをいくつか読み，財団の理念に感動し，財団にコンタクトをとられたことがきっかけであった。朴教授は，「自分たちも同様の趣旨の活動であるアジア経済共同体財団を設立・運営している。切り口は経済だが，方向性，志は同じである」と話された。また，仁川大学においてもワンアジア財団のアジア共同体講座を開設したいとのことであったが，その前に，2010 年 11 月 7〜9 日に開催予定のアジア経済共同体財団主催「アジア経済共同体フォーラム（AECF）2010」におけるセッション等への財団の参加を依頼された。財団はこれを引き受けることとした。AECF は韓国で最も大きなフォーラムのひとつである。当日は，アジア共同体講座開設をはじめとする財団活動について紹介を行った。2012 年に，第 2 回ワンアジアコンベンションを韓国・仁川で開催することとなるが，その事務局を担ってくださったのが朴教授であった。朴教授との出会いが仁川のコンベンションにつながり，その後，それは大きなうねりとなって次々と財団の活動につながっていくことになる。

2.8 理事会における最初の講座開設承認

2010 年 9 月，財団の第 3 回理事会が開催された。第 1 回理事会は事業計画の審議が主であったので，講座開設について理事会で審議するのは初めてであった。講座がスタートするのに合わせて，事務局では「講座開設助成金申請書」の点検など具体的な事務作業が同時進行した。申請書には，講座開設の意義と目的，講座全体のスケジュール，授業を担当する専門家の研究テーマなどが記され，申請は審査委員会を経て，理事会で審議・採決される。

2010 年 9 月の理事会では日本大学国際関係学部，韓国の又石（ウソク）大学・高麗大学・建国大学での講座開設が承認された。建国大学を除く 3 校の講座は，9 月から始まった。建国大学ではビデオ講義も行われることとなり，そ

の準備のため開講が遅れた。

一方，財団活動の開始当初は財団活動を理解してくださる方，パートナーが少なかったので，大学を回り，先生方に一生懸命説明するという状況もあった。

そのような状況のなか，韓国の3つの大学（又石大学，高麗大学，建国大学）と財団がつながるきっかけとなったのは，2010年8月に放映された韓国放送通信大学の講義であった。その後，各大学の先生方が財団のことを知り，アジア共同体講座の開設に最初に手を挙げてくださったのである。

また，財団のアジア共同体講座の特色であるオムニバス方式の授業は，当初，大学にとって前例がない授業形式であることから，授業内容を構築するうえで先生方の苦労が見て取れた。財団からオムニバス方式を採用する理由やメリットを説明しながら何度もやり取りを重ね，シラバスを完成していった。現在では多くの大学でのアジア共同体講座開設の実績が授業内容構築の手助けとなっているが，財団の助成講座を広げる先駆けとなった大学には大変な苦労があったのである。

2.9　スタート時点の日本での講座開設状況

韓国では，又石大学，高麗大学，建国大学の3校が開講した後，2011年には3校以外にも開講が広がり始めた。

日本では2010年後期に日本大学国際関係学部が第1号として，2011年前期に日本大学芸術学部が日本第2号として開講した。続いて，2011年9月には3校目として嘉悦大学で講座が始まったが，開設大学数の伸びは韓国に比べるとはるかにゆっくりとしたものであった。

日本の大学においても開設大学が広がっていくことを期待して積極的に行動した。財団の紹介パンフレットや資料を作成し，いくつもの大学を訪問した。しかし大学からの講座に関する関心・反応は思わしくなかった。

大学が助成講座を受け入れるうえで時間がかかった一因には，この時点では積極的な公募活動を行っていなかったこともあったが，今振り返ってみると，

第2章　ワンアジア財団のあゆみ　43

当時の時代的背景もその一因と考えられる。

　また，財団の活動実績が乏しかったことも大きな要因であっただろう。助成講座としての条件はいいのだが，開講実績による後押しができないことが大学内の審議で障害となり，計画が滞るなど，担当する先生方も苦労せざるを得なかった。

　例えば，日本大学の高橋章教授のご紹介で，明海大学の江林英基名誉教授とお会いすることとなった。江林教授は台湾のご出身だが，日本に長らく滞在しておられた。お会いしたことをきっかけに，その後，台湾の大学との架け橋となってくださったのだが，当初は江林教授から鋭い質問を受けた。「なぜアジア共同体が必要なのか」，「どうやってアジア共同体を創るのか」。当時はほとんどの先生が，アジア共同体講座の開設を具体化し，イメージすることができなかったようである。

　一方，韓国の又石大学，高麗大学，建国大学では積極的な取り組みが始まった。アメリカ・日本・ヨーロッパに目を向けているばかりではなく，これからはアジアに目を向ける必要性を認識していたのである。この時点で韓国の大学ではアジア共同体講座が広まることを確信したが，日本ではどうなるかまったく予想がつかなかった。

　2010 年 12 月に又石大学・高麗大学で理事長・佐藤がアジア共同体について最初の講義を行うことになった。

3　2011 年のトピックス

　1 月，理事長・佐藤が日本の大学で初めてアジア共同体についての講義を日本大学国際関係学部で行った。4 月 28 日〜5 月 8 日までの 11 日間，中央アジア 4 カ国（カザフスタン，キルギス，ウズベキスタン，タジキスタン）を歴訪。7 月 1 日には，第 1 回ワンアジアコンベンションを東京で開催した。また，この 1 年は大学を訪問し，先生方に助成講座について直接説明する多くの機会を

得た。アジア共同体講座開設の方向性が定まり，開設大学の広がりが見込まれた。中国，モンゴル，インドネシア，キルギスにおいてアジア共同体講座がスタートした。それぞれについては以下で詳しくみていくことにする。

3.1 日本の大学でのさらなる講座開設を目指して

2011年は日本の大学においても大きなエポックとなる変化があった。1月13日に日本大学国際関係学部で助成講座「アジア共同体論」の最終講義を理事長・佐藤が担当した。講義の前半は「アジア共同体の創成に向かって」，後半は「やがて世界はひとつになる」というテーマで講義を行い，この講座の受講生のなかから懸賞論文で選ばれた15名の学生に対して「ワンアジア財団奨学金」を授与した。講義の後，佐藤三武朗学部長をはじめ大学関係者が参加して行われたレセプションにおいて，理事長は財団の活動を紹介し，今後のアジア共同体講座の他大学における開設に助力していただけるよう依頼した。その後，この日本大学国際関係学部での講義がきっかけとなり，アジア共同体講座は日本において一段と広がっていくことになった。

レセプションでは日本大学国際関係学部の吉田正紀教授とも出会い，インドネシア・バンドンにあるインドネシア教育大学のディアンニ・リスダ教授を紹介していただくことになった。その後，リスダ教授はアジア共同体講座開設のために意欲的に取り組んでくださり，同年，東京で開かれることになる「ワンアジアコンベンション東京2011」にもご参加いただいた。インドネシア教育大学では，同コンベンション後の9月よりアジア共同体講座がスタートした。このようにアジア共同体講座は最初はほとんど日本大学ルートで拡大していった。

1月に日本大学芸術学部の木村政司教授に面会し，4月から講座を始めることになった。また，日本大学の木村教授などと出会ったきっかけ，また日本以外にも中国河南省にある河南大学とつながるきっかけとなったのも日本大学国際関係学部とのご縁からであった。それぞれの大学において2011年に講座開設を実現することができた。3月には日本大学国際関係学部の佐藤三武朗学部

第2章 ワンアジア財団のあゆみ 45

長よりご紹介いただいた，中国・上海にある同済大学の蔡敦達教授との出会いから，同済大学と中国・北京にある北京大学国際学部で翌年の講座開設が決定した。

また，理事長・佐藤は日本大学国際関係学部でのレセプションの折に3年以内に100校の大学でアジア共同体講座を開設することを宣言した。この宣言に基づき，前に述べた4月の中央アジア歴訪，東京コンベンションが計画され，それらは今日の300近くに及ぶ大学でのアジア共同体講座の開設につながっていく。

3.2　3・11東日本大震災の影響

2011年3月11日に東北地方を中心に大きな地震があった。東日本大震災の発生である。震災によって日本中が混乱に陥り，財団の活動にも予想しがたい影響が及ぶことが心配された。財団の活動は基本財産である株式の運用によっても支えられているが，震災の影響による業績の低下により，財団の保有株式への配当が行われないことが懸念された。配当がなされない場合の財団運営につい

「東アジア安全保障共同体を目指して」のパンフレット

李エリア教授・姜尚中教授と（於事務局）

中央アジア歴訪

てのシミュレーションを行ったりもしたが，実際にはそのような心配には及ばなかった。また，大学でのアジア共同体講座の開講に震災が影響を及ぼすこともなかった。

3.3　中央アジア歴訪を決める

　以前から財団と親交のあった，東京大学教授（当時）の李エリア先生から，東京大学大学院情報学環現代韓国研究センター主催の「東アジア安全共同体を目指して―エネルギー・リスク・ガバナンス―」という国際シンポジウムが3月に東京大学で開催されるので助成をお願いしたいという話があった（実際の開催日は7月18日となった）。これに対して，財団で行っていた「国際交流助成」の枠で助成を決定した。当時，主催センターの長であった姜尚中（カン・サンジュン）教授とご紹介者の李エリア教授が2月10日に財団を訪問された際，中央アジアのことが話題になった。李エリア教授は中央アジア研究者であり，現地にコネクションがあるということで，財団からたってのお願いを申し上げ，中央アジアに同行していただくことになった。中央アジア歴訪が決定したのである。訪問先はトルクメニスタンを除く中央アジア4カ国（カザフスタン，キルギス，ウズベキスタン，タジキスタン）で，訪問に際しては事前に現地の大学とアポイントをとることにした。

　中央アジア訪問を決定した理由は，日本の一般市民からすると疎遠に感じられる中央アジアであるが，アジア共同体を考える際には，アジアの一員として中央アジアの国々を知っておく必要があると理事長・佐藤が考えたからである。共同体意識の芽生えといっていいかもしれない。訪問の日程は4月28日～5月8日までとした。財団からは理事長・佐藤，事務総長・西塚，首席研究員・鄭が参加することとなった。

48

131の民族

伝統家屋（宴）

バラサギン記念キルギス国立大学にて

バラサギン記念キルギス国立大学にて

国立科学アカデミー

車の故障

タジク国立法学・ビジネス・政治学大学

国立ホジェンド大学にて

第2章　ワンアジア財団のあゆみ　49

ロシア・タジク（スラブ）大学にて

サマルカンド外国語大学にて

山と牛

道中休憩

鉄道での移動

アバイ記念カザフ国立教育大学にて

アル・ファラビ記念カザフ国立大学にて

国立ホジェンド大学

道沿いの露店

3.4 中央アジア歴訪

　4月28日〜5月8日に中央アジア4カ国を訪問した。4月30日に到着したカザフスタン・アルマティでは2日間にわたり，カザフ国立教育大学，カザフ国立大学を訪問した。カザフ国立教育大学は国内ナンバーワンの教員育成大学であり，カザフ国立大学は国内ナンバーワンの総合大学である。5月2日にはキルギス・ビシュケクに移動し，まず，キルギス国立大学にて大学副総長などと会談後，理事長・佐藤が約180名の教員および学生の前で2時間弱の講演を行った。続いて，キルギスの最高教育研究機関である国立科学アカデミーを訪問し，教授や大学院生たちと懇談した。翌日の5月3日は一度，ウズベキスタン・タシケントに入り，タシケント国立東洋学大学を訪問し，韓国語学部長・教授らとお会いした。その後タジキスタンに移動し，ホジェンドにあるタジク国立法学・ビジネス・政治学大学，国立ホジェンド大学，タジク国立経済商業大学経済通商分校の3校を訪問して回った。この3校においても，総長や副総

長とお会いする機会に恵まれた。5月4日，ドゥシャンベにある国立ロシア・タジク（スラブ）大学を訪れた。大学副総長や教授，日本からの交換留学生の方にもお話を伺うことができた。この大学は，ロシアとタジキスタンの合併大学で，また，国内で最も自由な学風を有するということである。5月5日はウズベキスタン・サマルカンドに移動し，サマルカンド外国語大学の日本語学科教授を訪問し，翌日帰国の途についたのである。

　この中央アジア歴訪では，大学訪問以外のスケジュールも含め11日間の日程で，合わせて10の大学・教育機関を訪れた。東洋と西洋をつなぐシルクロード地域を大きく移動するという壮大な旅であったが，現地での移動は国と国の越境も含め，すべて陸路で行った。そのため様々な出来事に遭遇することになったが，財団にとっては未開拓の地であった中央アジアで，多くの方々との交流を通して現地の様子を知ることができた。実際にみた中央アジアは，多様な民族・文化・言語が共存する多様性を前提とした社会であり，アジアの縮小版ともいえる地域であった。そして，経済指標などの情報によって想像していた社会よりも，旧社会主義時代の影響のゆえに都市の基本的なインフラや豊かな緑が印象的であった。また，文化（韓流など）は国家の壁・国境を越えて市民に共有され，互いに親和性をもたらしていた。自然と共同体意識が根付いている地域であり，訪問先での様々な出会いのなかでもアジア共同体という考え方を素直に受け入れてくださる印象を受けた。

　日本から約6000km離れた中央アジアをみて，アジアの広さと多様性を教えられ，ワンアジア財団の役割の重要性を改めて感じる訪問となった。その後につながる，アジア共同体講座の開設は，同年9月にキルギス・ビシュケクにあるキルギス国立大学とキルギス・ロシア スラブ大学でスタートすることになった。

3.5　コンベンション開催の発案を得る

2010年12月に理事長・佐藤がこれから日暮里にあるホテルラングウッドに

行こうといいだした。理事長の話ではコンベンションをホテルラングウッドで開きたいということであった。当然ながらコンベンションの内容はまだ決まっていなかったが，開催会場と開催日時だけを押さえることができた。2010年12月になぜ理事長がコンベンション開催のひらめきを得たのかはわからない。しかし，コンベンションの目的については明確であった。「このままこつこつと大学にアジア共同体講座の助成をしていくことも大切だが，大学の先生間の横のつながりを強め，教授のネットワークの広がりを得るためには皆が一堂に会して，アジア共同体創成の理念を確認し，共有することが大切だ。人と人とのコミュニケーションの輪が広がっていくようにコンベンションを開催しよう」ということであった。

　確かに，コンベンションを開催しなかったら現在のような先生たちの横のつながりは育まれなかったであろう。例えば，ある先生は講師として招聘されいろいろな大学でアジア共同体講座の授業を行っている。ひとりの講師がひとつの大学だけではなく，また，国・地域をも越えて大学を訪問し，アジア共同体講座で講義を行っている。そのようなことが講師間のネットワークを通じて，今では自然にできるようになった。研究分野の異なる専門家たちがコンベンションで一堂に会することによって様々な交流が生まれ，やがてそれが財団の活動につながっているのである。

　ワンアジア財団にとって重要な活動であるコンベンションが，この年始まることとなった。

3.6　東京コンベンションの開催

　7月1日にコンベンションを東京で開催することと，基調講演を午前中に，午後にはパネル・ディスカッションを行うことはすでに決まっていた。そのため，4月にはコンベンションの案内を各方面に出していた。5月の中央アジア歴訪を終え，コンベンションの内容を具体的に決めなくてはならなくなり，1月に黒瀬直宏教授（嘉悦大学）から紹介いただいた国際アジア共同体学会会長の

進藤榮一教授（筑波大学名誉教授）のところへ5月27日に相談に伺った。進藤名誉教授はコンベンションの司会を引き受けてもいいと申し出てくださった。また，コンベンションのパネル・ディスカッションのパネラーとして谷口誠先生（元国連大使）などを推薦いただいた。また，姜尚中教授には基調講演を依頼し，引き受けていただくことができた。こうして，短い準備期間であったにもかかわらず，様々な方々の協力を得て，コンベンションの骨格が次々と決まった。

　当日のプログラムは次のようなものであった。

　開会挨拶を理事長・佐藤が務め，来賓挨拶を進藤名誉教授がしてくださった。基調講演は「東アジア安全共同体を目指して」と題して姜尚中教授（東京大学大学院情報学環）が行った。

　午後からは「アジア共同体の創成に向かって」とのテーマのもと羅鍾一教授（元駐日韓国大使，前又石大学総長），メン・ドゥミトリー教授（カザフスタン国立教育大学），谷口誠先生（元国連大使）による報告がなされた。また，羅鍾一教授，メン・ドゥミトリー教授，谷口誠先生，趙南哲教授（韓国国立放送通信大学総長），ジャンズブドルジン・ロンボ氏（前北朝鮮モンゴル大使），理事長・佐藤によるパネル・ディスカッションが行われた。

　当日は，7カ国から約300名の教授・学生等が参加し，盛大で実りある第1回ワンアジアコンベンションとなった。

　東京コンベンションは最初のコンベンションであり，いわば財団手作りのコンベンションであったので，慣れていないこともあり，様々な苦労も多かった。震災の影響による節電等でホテル内も暑くて大変であった。

　コンベンションの様子は7月15日に東京メトロポリタンテレビジョン（MXTV）の「みどりのビタミンBiz」で放映された。「目指せアジア共同体」と題する30分の特集番組であった。松島みどりさん（現衆議院議員）による理事長へのインタビューやコンベンションの内容紹介から構成されていた。一般社会の関心がアジア共同体に向いていることを感じコンベンションの疲れが

東京コンベンション準備風景

東京コンベンション準備風景

東京コンベンションの聴衆

東京コンベンションでのメディア取材

東京コンベンションの壇上

いやされる思いであった。

3.7　韓国でのアジア共同体講座の開講

　2010年8月に韓国放送通信大学で財団理事長・佐藤の講義が2回にわたって放映されたことを端緒に，韓国では2010年の後期から又石大学，高麗大学でアジア共同体講座がすでに開講していたが，2011年になるとさらに仁川大学，湖南（ホナム）大学，韓国外国語大学で開講されるようになった。仁川大学では5月31日に，湖南大学では6月8日に理事長・佐藤が講義を行った。また，建国大学では6月9日に講義のビデオ収録に赴いている。

3.8　東京コンベンションを契機として講座開設が広がる

　2011年7月1日の東京コンベンション開催時点では，アジア共同体講座はスタート時点からすると開設校が少し膨らみつつあった。コンベンション時点ですでに開講していた大学は，日本2校（日本大学国際関係学部，日本大学芸術学部），韓国4校（又石大学，高麗大学，湖南大学，仁川大学）であった。

　2011年6月の理事会までに開講が承認されていた大学は14校で，日本3校（日本大学国際関係学部，日本大学芸術学部，嘉悦大学），韓国7校（又石大学，高麗大学，建国大学，仁川大学，湖南大学，韓国外国語大学，漢陽大学），中国3校（河南大学，北京大学国際関係学部，同済大学），モンゴル1校（ラジオテレビ大学（モンゴル国立文化芸術大学））であった。

　この14校の大学でのアジア共同体講座の開講が決まるまでに様々な先生と会い，講座について説明するなど，財団は積極的に開講を働きかけた。先生方に会うたびに質問を受けそれに答えるなかで，財団の目指すところをわかりやすく説明できるようになった。また，出会いによって先生方との絆，ネットワークが強固なものとなっていった。

　東京コンベンションへは多くの先生方が参加してくださり，先生方のあいだのネットワークが広がった。中央アジアを訪問した際にお会いしたキルギス，

56

仁川大学での理事長講義（2011.5.31）

北京大学国際関係学部にて（2011.8.8）

カザフスタンの先生たちもご参加いただいた。財団が事前準備をし，接触したほとんどの先生方がコンベンションに参加してくださった。このことは，大学におけるアジア共同体講座が軌道にのることを予感させた。事実，東京コンベンションを契機に講座は東南アジアなど様々な国々に広がっていくことになったのである。

3.9　日本，韓国以外の国・地域で講座がスタート

　8月8日から10日にかけて財団事務局は北京大学国際関係学部を訪問した。中国初の開設へ向けた訪問となったこともあるだろうが，財団の助成講座の実

AECF2011 での基調講演

績が少ないので，財団の目的・講座開講の趣旨等についてより詳しく知りたいとのリクエストが大学側からあった。そのため，財団関係者の履歴書と財団の資料を持参した。北京大学国際関係学部とはこの訪問で講座開設の覚書を交換し，翌2012年の開講が決定した。

　2011年9月には，日本と韓国以外の地域においてアジア共同体講座がスタートした。中国・河南省にある河南大学，インドネシア・バンドンにあるインドネシア教育大学，モンゴル・ウランバートルにあるラジオテレビ大学（モンゴル国立文化芸術大学），キルギス・ビシュケクにあるキルギス国立大学とキルギス・ロシア スラブ大学の5校である。これらの大学とは，前に述べた日本大学国際関係学部でのつながり（2011年1月）や中央アジア歴訪（2011年4～5月）での出会い等から講座開設に至った。ワンアジア財団がこれまで行ってきた様々な活動が，新たな地域での講座開設へと結びついていったのである。

3.10　アジア共同体講座の書籍を出版

　日本大学国際関係学部の講義をまとめたワンアジア財団叢書第1巻である『アジア共同体の創成に向かって』（芦書房）を2011年10月に出版した。これによって，オムニバス授業のモデルケースを大学に対して示すことができた。マスメディア，出版分野の活動は，2010年8月の韓国放送通信大学での理事長・

日本再興東北フォーラム（2012.3.31）

北京大学国際関係学部シンポジウム（2012.9.14）

佐藤の講義，2011年8月のMXTVの番組「みどりのビタミンBiz」での東京コンベンションの紹介，2011年10月の叢書『アジア共同体の創成に向かって』の発行と続くことになった。また，出版に続けて，ウェブサイトなど財団を紹介する資料もそろえた。2011年は，アジア共同体講座の開設数の増加を目指すとともに，メディア，出版，コンベンションなど講座開設助成以外にも力を注いでいったのである。

東アジア共同体への道での基調講演（2012.11.26）

第2章　ワンアジア財団のあゆみ　59

3.11 アジア経済共同体フォーラム 2011 で基調講演を行う

11 月 3 日，韓国・仁川で行われた「アジア経済共同体フォーラム 2011（Asia Economic Community Forum 2011）」の「東北アジア協力からアジア共同体へ」と題するシンポジウムで，理事長・佐藤が発表を行った。アジア経済共同体フォーラムは，アジアに経済共同体を形成するための地域内協力措置を議論し，アジアのアイデンティティーとその将来の発展を探ることを目的とした学術・政治・ビジネス分野における世界の先駆者たちの集まりである。2011 年のフォーラムは，「浮上する新世界秩序—アジア経済共同体にとってチャンスなのか危機なのか—」をテーマに 3 日間にわたって開催された。11 月 2 日の午後には，アジア各地域から参加した学生団体による模擬アジア連合総会が行われ，財団は優秀な学生チームに「ワンアジア財団理事長賞」を贈呈した。また，基調講演に先駆け行われた韓国のオンライン通信社・E デイリーによる理事長・佐藤へのインタビュー記事が，11 月 3 日付の同社の電子新聞に掲載された。

4　2012 年のトピックス

2012 年は大学でのアジア共同体講座の開設が増加した。開講学校数，開講国数とも増加した。タイ，台湾，カザフスタン，香港，シンガポールでもアジア共同体講座が開かれた。3 月 15 日にモンゴルのラジオテレビ大学（モンゴル国立文化芸術大学）を理事長・佐藤が講義のために訪問した際，モンゴルを代表する民間テレビ局である UBS テレビの朝番組に理事長・佐藤と首席研究員・鄭が生出演した。40 分間の放送時間で，アジア共同体のビジョンとワンアジア財団の活動を紹介した。3 月 29 日から 31 日にかけて東北大学で開催された第1 回国際アジア共同体学会で，理事長・佐藤は財団が行っているアジア共同体講座のビジョンと講座開設状況についてスピーチを行った。7 月 6 日から 7 日にかけて韓国の仁川で第 2 回ワンアジアコンベンションが開催された。9 月 14日に日中国交正常化 20 周年並びに韓日国交樹立 40 周年を記念する北京大学国

際関係学部のシンポジウム兼日本大学国際関係学部との提携 20 周年国際学術シンポジウムで理事長・佐藤が特別講演を行った。この 2012 年 9 月 14 日のシンポジウムは日本の尖閣諸島国有化問題に関連する反日デモが発生する前日であった。11 月 26 日には政治社会学会などが京都大学において開催したシンポジウム「東アジア共同体への道」にて、理事長・佐藤が基調講演を行った。また、経済ジャーナリスト・鮎川良氏による取材が始まり、後に『ワンアジアの使者たち―アジア共同体をめざして―』（芦書房・2013 年 11 月）として出版された。

4.1 新たな国・地域での講座開設

2012 年に入り、1・2 月にはタイ、台湾、カザフスタンで初めてアジア共同体講座がスタートした。タイ・バンコクにあるチュラロンコン大学サシン経営大学院、台湾中部の南投県にある国立暨南国際大学、カザフスタン・アルマティにあるアバイ記念カザフ国立教育大学の 3 校である。

2012 年 9 月には香港理工大学において、香港で初めてアジア共同体講座がスタートした。

4.2 助成講座の定着化を図る

2010 年 9 月にスタートした日本大学国際関係学部のアジア共同体講座は 2011 年 9 月に 2 年目を迎え、多くの学生がこの講座に参加した。そして、2012 年 3 月に日本大学国際関係学部の 3 年目の講座開設に対する助成が決定し、講座は 9 月からスタートすることとなった。助成事業を開始した当初は、1 大学に対する助成期間は 2 年としていたが、大学に対する講座開設助成を主とした活動にシフトしてから約 2 年のあいだに助成大学は飛躍的に広がった。さらに、ひとつの大学が継続して講座を運営していく事例も増えてきた。このような大学ではアジア共同体講座の評価が学内でも高く、先生方の熱心な取り組みと学生の意欲も感じられた。ワンアジア財団は、大学での息の長い講座の継続・定

着を目標としており，常設化を前提とした3年目の講座開設を支援することを初めて決定した。

4.3 仁川コンベンションの開催

韓国の仁川で第2回目のコンベンションとして「ワンアジアコンベンション仁川2012」が仁川大学の協力を得て7月6日，7日に国際的なイベントとして開催された。海外での初めてのワンアジアコンベンションである。この時期，アジア共同体講座は海外での広がりをみせており，さらに国際的な支援を行う

仁川コンベンション会場のホテル

仁川コンベンションのレセプション

にはコンベンションを日本国内ばかりではなく海外でも開催することが必要と考えたからである。中心となって貢献してくださったのは仁川大学朴済勲教授であった。15の国・地域の約70校から350名の参加者が会場であるハイアット・リージェンシー仁川に集まった。コンベンションでは，金学洙国連アジア太平洋経済社会委員会前事務総長と林華生早稲田大学教授による基調講演が7日午前中に行われ，午後からは「政治・経済」，「歴史・教育」，「文化・芸術」の3つの分科会と総括報告が行われた。

　仁川コンベンションにおいて，参加国，参加大学，参加教授数が圧倒的に増

仁川コンベンションのメイン会場

仁川コンベンションで演じられた伝統芸能

第2章　ワンアジア財団のあゆみ　63

加したことは大きなインパクトをもたらし，その後のアジア共同体講座のさらなる広がりのきっかけとなったのである。

東京コンベンションは初めてのコンベンションであり，参加人数に比べて参加大学数，参加大学教授と学生の数はそれほど多くなく，様々なジャンルの方々が集まったに過ぎなかった。また，参加国も7カ国であった。しかし仁川コンベンションは大学と財団との連携のなかでの初めてのコンベンションとして成功した。国際的な学会以上の規模となり，プログラム内容も前夜祭から始まり，次の日午前中に基調講演を，午後に分科会を行うという現在の形の基本もこの時にできあがった。開会にあたっては地元の仁川市長が来場し，祝辞を述べるなど，コンベンション開催を地域が一体となって支えてくださった。また，テレビニュースなど様々なメディア報道によってコンベンションと財団の活動が認知され，浸透していった。ニュースは韓国のみならず中国・日本でも報道された。ある特定分野の専門家が集う学会とは異なり，様々なジャンルの人々がアジア共同体というひとつのテーマの下に集まることが珍しく注目を浴びたようである。

5 2013年のトピックス

3月22日，23日，インドネシア・バンドンでASEAN諸国および南アジア諸国を対象とした「ワンアジアコンベンションバンドン2013」を開催した。会場にはアジア・アフリカ会議博物館も利用した。東京コンベンション，仁川コンベンションに次ぐ第3回目のコンベンションである。

11月1日に韓国・仁川で開催された「アジア経済共同体フォーラム2013」において理事長・佐藤が基調講演を行った。

2月開講の南洋理工大学（シンガポール），国立政治大学（台湾・台北），3月開講の極東連邦大学（ロシア・ウラジオストック），8月開講の王立プノンペン大学（カンボジア・プノンペン），9月開講のベトナム国家大学ホーチミン校

（ベトナム・ホーチミン），ベトナム国家大学ハノイ校（ベトナム・ハノイ），ダルマ・プルサダ大学（インドネシア・ジャカルタ），モンゴル国立教育大学（モンゴル・ウランバートル），南方大学学院（マレーシア・ジョホール），10月開講の日本の防衛大学校で初めてアジア共同体講座が開設された。日本・韓国・中国以外でもアジア共同体講座が引き続き盛んに開講されたことになる。特に，スリランカ，ロシア，カンボジア，ベトナム，マレーシアにおける開講は初めてであった。

5.1 バンドンでの地域コンベンションの開催を決意する

2012年2月にインドネシア教育大学（インドネシア・バンドン）を最終講義のために訪れた。同大学は東南アジアでアジア共同体講座を最初に開講した大学である。その際，アジア・アフリカ会議（AA会議）の会場であった記念博物館を訪ね，バンドン市長を表敬訪問して市長と昼食をともにすることとなった。財団の活動内容について市長から質問を受け，財団はそれに答えたその後まもなく市長は交替したが，そのときの縁もあり，1年後にコンベンションをバンドンで開催することができた。インドネシア教育大学のリスダ先生からバンドンでコンベンションを是非とも行いたいという話はあったが，その段階では記念博物館を会場にコンベンションを行えるなどとは夢想だにしていなかった。

2013年のコンベンションをどのようにしようかという話になったとき，毎年大きなコンベンションを海外で開催するには相当な労力が必要であり，また，コンベンションに参加する大学の先生にとっても毎年の開催では負担が大きいであろうから，コンベンションは2年に1回の開催とし，その中間の年には地域的なコンベンションをできれば年2回開催することにした。開催候補地を探すうちに，これまで熱心にアジア共同体講座とコンベンションに取り組んでいただいたインドネシア教育大学のリスダ教授が引き受けてくださるなら，インドネシアのバンドンで地域コンベンションをASEAN中心にローカルミーティングとして開催しようということになった。2012年11月にリスダ教授が東京

第2章　ワンアジア財団のあゆみ　65

の財団事務局を訪ねた折に，バンドンでのコンベンションを開催したいという意向を伝えると，リスダ教授はその場で快諾された。

　ASEAN 中心に開催することになったのは，地理的な条件からアジアの国々すべてを対象に開催するのが難しいこともあった。また，インドネシアは多民族・多宗教・多言語（約 490 の民族・文化）であるが，これまでアジア共同体講座の講義のために訪れた国のなかでは，インドネシアが国の政策として，国内の民族・文化の調和に最も力を入れていた。インドネシアの国是は，「多様性のなかの統一」である。また，人口が 2 億 5000 万人と多く，人口構造も綺麗

バンドン市街

アジア・アフリカ会議博物館内部

バンドン市長表敬訪問

なピラミッド型を描いており，若年層の人口比率が高いことから，次代を担う若い人たちにアジア共同体が受け入れられるようにとの財団の思いを反映しやすいと考え，インドネシアでのコンベンション開催を決意した。

　バンドンコンベンションが2013年3月の開催になったのは，年に2回開催の予定であったこととリスダ教授の希望を勘案してのことであった。

5.2　アジア・アフリカ会議の会場でのコンベンション開催

　「ワンアジアコンベンションバンドン2013」は，1955年にAA会議を開催した歴史的な場所であるムルデカ会館と隣接するアジア・アフリカ会議博物館をメイン会場として開催した。また，AA会議に出席した首脳たちが宿泊したアジア・アフリカ通りにあるサボイ・ホーマン・ビダカラ・ホテルを宿泊場所と分科会の会場とした。

　バンドンコンベンションをAA会議が開催されたムルデカ会館で開催するこ

とは財団の希望であった。アジア共同体の創成はAA会議におけるバンドン宣言と共通点がたくさんあると考えていたからであり，アジア地域の大学教授に対して象徴的なメッセージを伝えることができると感じていた。しかし，使用については特別許可が必要であり，当初は単なる夢に過ぎなかった。

　財団の取り組みに共感する複数の大学教授らが，ムルデカ会館の使用許可を得るために奔走した。財団のこと，コンベンションのことを熱心に説明し財団の活動を理解していただいた。会館の使用許可権限をもつのは，副大統領，西ジャワ州知事など3人だけであった。会館を会場としてのコンベンションの開催には，バンドン市，西ジャワ州知事のサポートもあり，インドネシア政府関係者の特別な計らいによって許可されることになった。準備日程からしてぎりぎりの使用許可であった。

　会場を設営するにあたっては，AA会議当時の姿を再現すべく会場にわざわざ相当に重い木製の机や椅子，テーブルが持ち込まれた。

5.3　バンドンコンベンションと共同宣言

　バンドンコンベンションは，バンドン市長，西ジャワ州知事などの来賓の祝辞で始まった。その後，午前中は基調講演がなされた。午後からは会場をサボイ・ホーマン・ビダカラ・ホテルに移して，分科会と総括会議が行われた。分科会は，「政治，経済，テクノロジーとエネルギー──アジア共同体を目指して──」

バンドンコンベンションのレセプション

バンドンコンベンションの会場入口

バンドンコンベンションでの挨拶

バンドンコンベンションの壇上

第2章 ワンアジア財団のあゆみ 69

と「教育，社会，観光，芸術と文化—アジア・ツーリズム共同体を目指して—」というふたつに分かれた。

バンドンコンベンションで特筆すべきは AA 会議でのバンドン宣言に倣い，それぞれの国を代表する主要 13 大学とワンアジア財団がアジア共同体の創成に向かっての共同宣言にサインをした。その内容は以下のとおりである。

JOINT DECLARATION

We, as a part of One Asia Community, have agreed to expand our networking to build educated global citizenship to expedite the realization of Asian society that's democratic, just, tolerant, and prosperous.

共同宣言

我々は，ひとつのアジア共同体の一員として，民主的で，公正で，寛容で豊かなアジア社会の実現を促進するために，教養ある地球市民関係を構築するためにネットワークを拡大することに合意した。

5.4 バンドンコンベンションの特色

バンドンコンベンションは，東南アジアを中心としたコンベンションであったので，ASEAN 10 カ国からの参加としたが，日本・中国・韓国からの自主的な参加者もあり，また，インド，スリランカ，ネパールからの参加もあった。14 の国・地域から約 280 名の参加となり大きな成功を収めた。

これまでの東京，仁川のコンベンションでは，日本・中国・韓国の先生方の参加が圧倒的に多かった。バンドンコンベンションでは，日本・中国・韓国からの参加者は多くなかったため，それ以外の国の方々がより自由に参加できる雰囲気が生じ，連帯の輪が広がった。つまり，日中韓以外で財団の活動に共鳴する方々の横のつながりが一気に強まった。また，バンドンコンベンションがきっかけとなり，インドネシア教育大学と韓国の国立済州大学，また，ベトナム国家大学ホーチミン校人文社会学部とのあいだに交流協定が結ばれた。

5.5　地域コンベンションのその後

　地域コンベンションはバンドンで1回開催したのみで，その後はまた全体のコンベンションに戻ることとなった。第1回目の東京は全体で集まって開催してみようということで，初めてであったので準備が大変であった。第2回の仁川では15の国・地域から約350名の先生方が来場された。それだけ大勢の先生に毎回参加していただくのは大変な事業であるし，参加される先生方にとっても毎年の参加は負担になると考え，今後は全体のコンベンションは2年に1回として，中間の年は地域コンベンションを1回または2回開催することにしたことはすでに述べたとおりである。その第1回目の地域コンベンションがバンドンであったが，済州で全体のコンベンションに戻ったことになる。済州での開催を決めるにあたっては，地域コンベンションでなく毎年全体でコンベンションを開催していくことに財団として自信がもてていたし，全体としてのコンベンションの内容にも確信がもてるようになっていた。運営計画，運営体制が確立されたということである。

　つまり，事業計画書をみると2013年は全体コンベンションは2年に1回，そのあいだに1回または2回の地域コンベンションとなっているが，済州コンベンション開催の翌年の事業計画書からは毎年1回のコンベンションを開催することになった。予算的には航空運賃，宿泊料金，基本的運営費はどの場所で開催してもさして変わらない。また，運営体制をどこが担うかということもバンドンコンベンションではっきりした。つまり，第1回の東京は完全に財団の手作りであり。第2回の仁川はアジア経済共同体フォーラムの事務局という本体があって，その組織にノウハウがあったので開催を引き受けていただいた。ところが，第3回のバンドンでは大学が主体となって準備委員会を作って開催した。こういう方式なら毎年全体のコンベンションでも開催することができると考えたのである。資金は財団が提供し，企画は大学と財団が協力して取り組むというモデルができたからである。この体制はその後引き継がれ，済州，上海，プノンペンの各コンベンションへと続いていくことになる。

5.6 香港事務所の設立

財団の活動範囲の広域化に対応するため，香港に拠点を設けることが検討された。どのようにして二元管理をし，役割分担をしていくのかが課題であった。その結果，2013 年 5 月に香港事務所を開設し，7 月からは，本格的に事務事業ができる体制を調えた。両事務所で役割分担し，双方の緊密な連携のもとに，活動の輪を広げ，機動力の充実を図ったのである。地理的優位性のもとに，アジア近隣の国・地域にある大学への，香港事務所からの直接訪問頻度が飛躍的に増えた。

5.7 スリランカ，ロシアでのアジア共同体講座の開設

2013 年 3 月，スリランカのケラニヤ大学とロシアの極東連邦大学にてアジア共同体講座がスタートした。

2013 年 5 月 25 日から 27 日までロシアを訪問し，ウラジオストックにある極東連邦大学を訪れた。ロシアの領土の 4 分の 3 はアジアであり，人口の 4 分の 1 はアジアに居住しているので，ロシアもアジアの一員と考えて開講に至った。新たな仲間が増えたことはとても嬉しく感じられた。

極東連邦大学は，2010 年 10 月に地域のいくつかの有力大学を母体として組織された。2012 年 9 月にウラジオストックのルースキー島でアジア太平洋経済協力（APEC）首脳会議が開催され，その会場施設がそのまま極東連邦大学に寄贈されたので，極東連邦大学はキャンパスを 2012 年 9 月に移転し，移転の最初のイベントとしてワンアジア財団の助成講座を国際関係学部で開設した。

5.8 体制を超えるアジア共同体講座

2012 年後期からキルギス国立大学，キルギス・ロシア スラブ大学，ビシュケク人文大学，カザフ国立大学と中央アジアでのアジア共同体講座が始まっていたが，2013 年にロシアが加わったことでアジア共同体講座に地域的広がりが生まれた。また，中国と台湾，韓国と北朝鮮（現在準備中）が講座に関わるこ

極東連邦大学での講義（2013.5.25）

とで，思想・体制・冷戦の残滓を超えることとなった。民族・国籍を問わない，思想・信仰・宗教を拘束しない，政治に介入しない，というワンアジア財団の活動原則に講座が従ったものであることを図らずも示すこととなった。つまり，体制の違いを超えた地域共同体への歩みに財団が先導的な役割を果たしたといえよう。

5.9 「アジア共同体研究センター」の設立

韓国の国立済州大学の金汝善教授は，ワンアジア財団がスタートした当初にアジア共同体講座のことを知り，国立済州大学での開設を検討していた。金教授は当時，アメリカの大学に客員教授として赴任していたが，講座開設申請書や講座運営のための準備などは赴任先で行い，韓国に帰国してすぐ国立済州大学で講座を開設した。

国立済州大学でのアジア共同体講座は 2012 年 3 月からスタートした。大学の教授に加え，新聞社の社長や大統領選挙に出馬した方などが参加し，学生の興味を集めただけでなく，大学内でも高い評価を得た。

この講座がきっかけとなり，アジア共同体への関心を学内の教授とも共有するようになった。その結果，歴史，メディア，法律，文化などの多分野を研究

する 30 人あまりの教授が中心となって，韓国教育部（日本の文部科学省に相当）の認可を得て 2013 年 9 月に「アジア共同体研究センター」が大学の正式機関として設置された。活動面からも現在，学内で最も活発な機関のひとつとなっている。

これまで，東北アジア研究センター，東アジア研究センター，韓国研究所などの研究機関は各国にあったが，「アジア共同体研究センター」は，アジア共同体という名称を冠し，アジア共同体を研究対象とするアジアで最初の研究機関となった。

多くの学生が自らアジア共同体への関心を高め，様々な研究に取り組めるように，また，アジア共同体講座を担当する教授のアジア共同体への理解度を高めることも目的としている。このような設立目的が理解され，アジア共同体研究センターは学内でも評価されている。

観光都市，国際都市としての済州道はノービザで渡航できるが，これは道としての政策・方針であり，このことは，大学が積極的に開かれた活動をしていくことにもつながっている。国立済州大学のこのような活動方針は，アジア共同体創成の理念と合致することになり，研究センターの設立にもつながったのである。国立済州大学のアジア共同体研究センターの設立に関して財団は財政支援を一切行っていない。その意味で，アジア共同体講座の成果を如実に示したモデルケースとなった。

国立済州大学ではアジア共同体講座も時を経ずに常設科目となった。アジア共同体講座の常設化の第一号は実質的に国立済州大学である。常設化による助成は開講 3 年目以降も継続して講座を実施していくことが条件であるが，国立済州大学が教育部から認可を受けて常設化を最初に果たした。

国立済州大学で講座の開講をリードしたのは金汝善教授である。法学博士で専門は国際投資法であるが，「アジア共同体論」をいち早く大学の常設講座とした。バンドンコンベンションにも 10 名ほどの教授とともに参加し，インドネシア教育大学と姉妹校の提携をした。このアジア共同体研究センターの設立は

74

ワンアジア財団の進める講座の常設化にも影響を与えることとなった。

6 2014年のトピックス

2013年までは大学でのアジア共同体講座の新規開設に努めてきたが，2014年からは開講は軌道にのるようになり，年間100ほどの大学で開講されるようになった。先生方のネットワークを通じて開講が益々広がったわけである。

このようにアジア共同体講座が定着する転機となったのが2014年の「ワンアジアコンベンション済州2014」であった。また，国立済州大学大学院でアジア共同体コースが2016年に設置されることが決まった。このことはワンアジア財団設立の理念と目的が高等教育機関において理解されたひとつの証しとして，財団の活動に勢いをもたらした。また，ラオス，トルコ，アメリカでアジア共同体講座が初めて開講した。

6.1 アジア共同体講座の常設化

2014年1月下旬，アジア共同体講座開設助成の今後を大きく見据えた方針が決まった。それは，大学でアジア共同体講座が正規科目として常設化された場合，最長10年まで助成を継続できるようにするものであった。アジア共同体講座開設助成は当初2年までとし，2012年9月に3年目の助成を始めた経緯がある。2014年，開設大学は100校を越え，そのうち3年目も継続して開設することができた大学も増えた。理事長・佐藤と事務総長・西塚は講義のためにインドネシアの大学を訪れていた。1月29日のバンドン工科大学での講義の後，宿泊先のホテルで「助成講座を常設化した大学には初年度の助成額の25%を4年目から10年目まで助成しましょう」，「25%であれば100校として約1億円の予算が必要だが，財団の現在の予算状況からして毎年その金額が出ていったとしても持ちこたえられるね。じゃあ決めよう」，「模範的な大学，講座が定着する大学のなかから選んで長く10年間やっていただいた方がいい」と

第2章　ワンアジア財団のあゆみ　75

いう理事長の話であった。最初10年と聞いて財団事務局は驚いたが，後日，アジア共同体講座のモデルケースを示す点からも優れた構想であったことが明らかになる。2013年までにも3年目の助成を希望する模範的な大学があったので，3年目に初年度助成額の60％を助成する事業を行っていた。この結果，1年目を100％とすると，2年目80％，3年目60％の助成をすることとなっていたが，2013年10月時点では3年目の開講については財団のウェブサイトには掲載せず，公募していなかった。助成講座の授業をシラバスに従ってきちんと行えば3年目まで開講可能という含みであった。それからしばらくして常設化の話があったのである。2014年4月の理事会で，アジア共同体講座を常設化する大学のなかから模範的な大学を選んで10年まで助成を拡大することに決定した。また，2014年から3年以内に100大学での常設化を目指すことを決めた（2017年4月現在常設化校数は全世界で103校である）。

6.2　講座常設化に対する大学の反応

講座の常設化についての大学の反応は，「500万円であれば，シンポジウムの開催，出版，外国からの講師招聘ができるが，開講大学と他の国内の大学の講師で講座を開催するつもりであれば25％（日本では最高125万円）でも十分運営していける」，「せっかく講座を開設したのだから，25％の助成がいただけるのならば常設講座としてやっていこう」といったものであった。熱心でやる気のある大学にとってはありがたいプランとなったようである。ただし，前述したように10年目まで助成があることを大学が初めて申請した時点からアナウンスしているわけではない。2年目までの実績を評価したうえで，ワンアジア財団から3年目の申請書類等のご案内をしている。3年目からは毎年度，1年目，2年目とは別の審査基準で常設化を見極めて助成を行っているのである。アジア共同体講座を今後も正規の常設科目として定着させ継続していくという内容の文書を提出いただくことをお願いしている。また，大学が発行する履修要項で講座名や科目番号を確認させていただいている。

76

常設化を国別でみるとどうであろうか。日本，中国，韓国は開講数が多いので3年目以降もアジア共同体講座を継続している大学が多い。2017年4月現在講座開設が承認された284校のうち103校が常設化しており，これはワンアジア財団が助成する大学の約3分の1に相当する。日本，中国，韓国以外では，ベトナム，インドネシア，キルギス等でも講座定着に向けて具体的な動きがある。常設化校が増えることは財団にとっての大きな財産である。

6.3　常設化大学での授業内容の変化

授業のテキストを出版するなど授業としての形が定まってきているので，各大学では学生の受講希望が多くなり，大学の講師陣による意欲的な取り組みがなされている。

韓国では優れた講義は「名品講座」と呼ばれるが，アジア共同体講座もそのように呼ばれ，特にいわゆる有名大学での定着率が高い。アジア共同体講座を2年，3年と開設すると学生の反応が良く，先生方からも高い評価を受けるため自然に常設講座として定着していくようである。

1，2年であれば担当教授の熱意と関心で講座を続けることができるが，3年目以降は担当教授を超えて大学全体が組織として関与し，認知することとなる。

常設化によるアジア共同体講座への助成は，最大10年に及ぶが，年度ごとに審査・承認・報告によって講座が継続されていることを確認している。実施期間が長いため大学と財団ができるだけ密接な関係を保ちながら，初期の目的どおりに講座を実施していく必要がある。

6.4　新たな国・地域での講座開設（2014年）

3月には，ラオス・ルアンパバーンにあるスパーヌウォン大学でアジア共同体講座がスタートした。また，9月にはトルコ・アンカラにあるTOBB経済工科大学，アメリカ・テキサスにあるセントメアリー大学でも開講し，各地で初となるアジア共同体講座のスタートが続いた。

6.5 済州コンベンションの開催

2014年のコンベンションをどのような形で開催するかを話し合うなかで，ローカルコンベンションではなく全地域を網羅したコンベンションを開催しようということになった。国立済州大学（韓国）の金汝善教授は自主参加の10名の教授とともに2013年のバンドンコンベンションに参加していた。バンドンコンベンションで金教授が2014年のコンベンションは済州で是非とも開催したいと表明したことで，済州での開催を財団として決定した。

2014年8月1日から2日にかけて韓国・済州道の済州グランドホテルで「ワンアジアコンベンション済州2014」が国立済州大学アジア共同体研究センターの全面的な協力を得て開催された。29カ国，200校近くの大学から約580名が参加した。2日目の午前中に基調講演，午後にはアジア共同体講座に参加したアジア各地域の教授や研究者が「政治・経済」，「歴史・教育・社会問題」，「文化・メディア・芸術」の3分野に分かれ発表を行った。

2014年の済州コンベンションは大きなコンベンションとなり，その後のコンベンション開催につながった。

毎年コンベンションを開催することを決定して，済州コンベンションに臨んだことで大きな反響を呼び，コンベンションへの先生方の印象，財団への評価もより良いものとなった。コンベンションへの参加人数をみても，済州コンベンションから600名ほどになり参加人数，開催内容の両面で現在の開催規模になったといえよう。

済州コンベンション会場のホテル

済州コンベンションのレセプション

済州コンベンションの壇上

済州コンベンションで演じられた伝統芸能

第2章 ワンアジア財団のあゆみ 79

7　2015年のトピックス

　7月31日から8月1日にかけて，中国・上海の小南国花園ホテルにおいて，「ワンアジアコンベンション上海2015」が復旦大学国際問題研究院・日本研究センターの全面的な協力を得て開催された。30の国・地域，240校の大学から約600名が参加した上海コンベンションでは，2日目の午前中に基調講演，午後にはアジア共同体講座に参加したアジア各地域の教授や研究者が「政治・経済・社会」，「歴史・教育・思想」，「文化・芸術・メディア」の3分野に分かれ発表を行った。

　2015年のコンベンション以外の大きな出来事は，アジア共同体講座の開設校数が増え，延べ500講座の開講が視野に入ったことである。2014年9月にアメリカで初開設して以降，アジア共同体講座はアジア以外の地域へも広がっていった。アフリカ大陸，ヨーロッパで初めてアジア共同体講座が開かれた。アフリカではコンゴ・カトリック大学（コンゴ民主共和国），アメリカ大陸では，ブリティッシュ・コロンビア大学（カナダ）とラヴァル大学（カナダ），ヨーロッパでは，ローマ大学サピエンツァ校（イタリア）でアジア共同体講座が開催されるなど新しい大陸へと広がっていった。そのことでワンアジア財団の活動が世界的に拡大したのが2015年の大きな出来事であった。

上海コンベンションのレセプション

上海コンベンションのメイン会場

上海コンベンションの壇上

上海コンベンション分科会

ブリティッシュ・コロンビア大学（2015.12.1）

ラヴァル大学（2015.12.2）

7.1 アジア以外の国・地域でのアジア共同体講座開設

　理事長・佐藤が常々述べているように，世界はひとつ，アジア以外の大学であってもアジア共同体に興味がある大学には支援・助成をする。そしてアジアが最終ゴールであってはならない。アジアにとどまっていては，新たな垣根を造ることになるので，最終目標はワンワールドでなければならない。この考えを実践してきたのが2015年から2016年にかけてのワンアジア財団の活動であった。

　2014年9月に初めてアメリカでアジア共同体講座がスタートして以降，2015

年に入るとアジア以外の国・地域での講座開設が続いた。9月にはカナダで，ふたつの大学が講座をスタートさせた。ケベックにあるラヴァル大学とバンクーバーにあるブリティッシュ・コロンビア大学である。カナダにはこの年の12月に初訪問したが，これまでの大学訪問とは少し異なるものとなった。2014年に講座がスタートしているアメリカのセントメアリー大学にも，2015年の3月に初訪問したのだが，アジアからアメリカ大陸へ移動するには大きな時差が伴った。これまでのアジア諸国への移動で生じる時差とは比較にならないほどで，カナダ訪問の際にも現地でのスケジュール調整に注意を払った。カナダで12月に訪問したバンクーバーとケベックは地理的東西に大きく離れており，移動距離もさることながら，雪深い時期であったため現地での移動に関して予測し難い部分もあった。

　アジア以外でアジア共同体講座がスタートしたが，担当の先生がアジア研究者であることもあり，受講生は熱心に関心をもって授業に取り組んでいた。アメリカ，カナダ2校，トルコ2校，イタリア，アフリカの大学に講義に行っても同様であった。それらの大学にはアジアに関する学部や研究所が設置されていて，アジア研究の基礎があるため，他の地域の開設校とアジアに対する学生の関心は変わらず，すでにアジアに関心が向いている学生が授業に参加していた。学生からの質問もアジアについて関心をもっていることを示す内容であった。先生がアジアについての関心の種を蒔いていたのである。アジアについて関心がないところでアジア共同体講座を開設してもこのような関心を呼ぶことはなかったと思われる。

　アジア共同体について，域外にあるために脅威を感じるのは既成の世代で，若い学生世代はアジアの言語や文化に対する関心を接点に，アジアを知りたいという熱意をもっている。アジアはエネルギッシュに変化している地域であるためアジアについての関心も高まっているが，その関心がアジア共同体講座にも及んでいると考えられる。

第2章　ワンアジア財団のあゆみ　83

8 2016年のトピックス

　新たな国・地域でのアジア共同体講座が開設された。1月にバングラデシュ・ダッカにあるイースタン大学で，2月にはオーストラリア・キャンベラにあるオーストラリア国立大学，イギリス・シェフィールドにあるシェフィールド大学で，10月からはポーランド・ウッチにある国立ストシェミンスキ美術大学で講座がスタートした。
　カンボジア・プノンペンのインターコンチネンタルホテル プノンペンにて

プノンペンコンベンションのレセプション

プノンペンコンベンションでのメディア取材

プノンペンコンベンションの分科会

プノンペンコンベンションで演じられた伝統芸能

「ワンアジアコンベンションプノンペン 2016」が王立プノンペン大学の全面的な協力を得て 8 月 5 日から 6 日にかけて開催された。大学側で中心となってくださったのは，日本語学科主任のロイ・レスミー教授である。31 の国・地域，約 250 の大学から約 600 名が参加したプノンペンコンベンションでは，2 日目の午前中に基調講演，午後にはアジア共同体講座に参加したアジア各地域の教授や研究者が「政治・経済・社会・環境・社会福祉」，「歴史・教育・思想・哲学・宗教」，「文化・芸術・メディア」の 3 分野に分かれ発表があり，議論がなされた。

　開催するにあたっては地理的にもこれまでとは異なる準備段階での苦労があった。しかし，アジア，そして世界の多様な価値観，あり方を認めることがワンアジア財団の基本姿勢であるため，コンベンションの開催にあたっても，開催校がどの地域・国にあろうとともに協力して内容の充実を目指している。開催地が先進国であろうと発展途上国であろうと一緒に歩む姿勢を財団は取っている。確かに，日本や韓国は組織の運営力ひとつ取ってみても，他のアジアの国よりも力量があるといえるかもしれない。しかし，日韓だけでコンベンションを開催するのではなく，カンボジアなどでも互いに力を出し合いながら開催していくようにしている。

　コンベンション開催地域にはそれぞれ違いがあるが，開催するにあたっての準備は財団が先に行って引っ張るのではなく，ともに歩む姿勢で行っている。アジアの一員としてともに歩んでいる仲間であることを認識できたという声を，プノンペンコンベンションに参加した多数の先生方からいただいた。ワンアジア財団は知名度のある大学だけを支援するのではなく，情熱のある先生がいればあらゆる大学を支援するようにしてきた。大学によっては総長が先頭に立ち大学を挙げて取り組んでおり，このことによってその大学全体が変わり得ると感じるほどの感動を覚えたという開催校における声も多々あった。

　プノンペンコンベンションにはカンボジア国内に 60 ある大学のうち 48 大学が参加した。ひとつのイベントにそれらの大学の学長・副学長クラスを含めた

先生方が参加してくださった。このことで，財団の活動が国全体に理解され，刺激になったという声が協力大学からあったこともプノンペンコンベンションにおける大きな喜びであった。自主的に参加する先生も増えたこと，交流が活発になっていることも大いに感じられるコンベンションとなった。

9 2017年4月現在の講座開設状況とこれからの展望

　財団は，2010年から大学でのアジア共同体講座開設を支援してきた。また，2011年からコンベンションを毎年開催してきた。

　当初計画していた5年で5000人の大学の先生方によるネットワーク作成は早期に達成された。5年で開講大学200という目標も3年ほどで達成された。アジア共同体講座の常設科目化も100校を目標にしていたが，これもすでに達成された。しかしこれらは目標を何が何でも達成しようとして成し遂げられたものではない。行動があって結果があるとは考えているが，実績を大きくしようという意図はない。方向性があって，きちんと業務を遂行すれば結果はついてくるという考えである。財団はこのように考えて柔軟に業務遂行をしているので，アジア共同体講座の広がりも早かったと理解している。

　2017年4月現在，32の国・地域において284校での講座開設が承認されている（講座開設準備中を含めると47の国・地域において465校となる）。

　また，同年3月現在の集計で，講座の講師は延べ7600名になっているが，講師の実人数は4000名ほどである。つまり多くの先生が他の大学に講義に行って「使者」としての役割を果たし，財団のネットワークを広げる一翼を担ってくださっている。このような先生方が増えていることや，先生方の紹介によってネットワークが広がっていることが財団の財産である。講座をじょうずに運営している大学があれば，その考え・発想がネットワークを通じて他の大学に広がることになる。そして，それが常設科目の設置につながる。これが財団に残る最終的な成果であろう。アジア以外の世界に開講が広がったのもこのよう

な役割を果たしてくださっている先生方の功績による。先生方により財団の活動が根を下ろし，世界中に自然にネットワークが拡大していることを強く感じる。

さらに，年々，コンベンションへの参加者に占める女性の比率が著しく高くなってきている。それは，講座を担当する教授，コンベンションでの発表者等においても顕著に表れている。また，講座受講生においても同様である。

この女性の参加者増は，財団が意図したものではないが，そのことによって男女の性別だけでなく，参加者の専門分野や国籍も益々多様になってきている。このように財団の活動がアジアを越えて多くの地域と多様な分野に広がりつつある。

アジア共同体講座が世界中で 1000 を超える大学において開講されるようになれば，アジアそして世界により貢献できるようになると考えている。

財団は現在，2017 年夏に開催予定の「ワンアジアコンベンション名古屋 2017」に向けて準備を進めている。財団がこのように歩んでくることができたのは，財団の活動を理解し，支援してくださった大学の先生を始めとする皆様のお力によるものである。ここに改めて心より感謝をささげたい。

第3章 アジア共同体講座

One Asia Foundation

1 アジア共同体講座の開設

1.1 なぜアジア共同体講座なのか

ワンアジア財団が設立される以前に，財団理事長・佐藤洋治は「ワン・アジアクラブ」という親睦団体を主宰していた。その団体の参加者の中心は，日本，中国，韓国，モンゴルという近隣の国々のビジネスマンであった。それぞれの国の主要都市にこのクラブを置き，互いに交流することでアジアの未来を展望しようとしたのである。つまり，アジア共同体の卵のようなものができあがるのではないかと構想したのである。

2003年から2008年までクラブ活動を行った。しかし残念ながら，ビジネスマンの方たちは，ビジネスに役に立つことを期待して参加したため，ビジネスがうまく運ぶときはいいがそうでないと離れていってしまう。そこには，世界の多様な民族・国家，宗教を超えて連帯するという発想はほとんどなかった。つまり，利益に捕われる関係になり，未来のワンアジアを目指す夢と希望にそえるものとはならなかった。そこで，その活動をすべて休止することにした。

次いで2009年にワンアジア財団を設立した。財団の活動は大学教育を通してアジア共同体の創成に寄与することとした。経済活動には一切関与しない。もちろん財団設立に至る背景には第1章ですでにみたように理事長・佐藤の哲学的な探究の過程があった。財団活動は具体的には，アジア共同体講座を創設

して大学への助成講座とすることにした。この講座が人類の未来に貢献できると信じてのことであった。あくまでも，人類の未来のためにということで，ワンアジアへの歩みはその第一歩であった。

1.2　講座の現状をどうみるか

アジア共同体講座は当初なかなか大学に受け入れられなかった。そのようななか，ある大学の学部長との話から大学の先生間のネットワークを活かす着想を得た。国を越えて各地の大学を訪問したり教壇に立ったりしている先生がたくさんいる。そのネットワークは世界中に張り巡らされているわけである。そのネットワークを活用するようになると次々に先生を紹介していただけるようになった。財団の活動は先生方のパーソナルネットワークによって拡大していったのである。

担当の先生の熱意によって講座が開設されると，学生の皆さんからは想像以上の良い反応があった。科目登録希望者が多く，定員制限から受講できない学生が各地の大学ででてくる。このような状況のなかから常設科目化という構想が生まれてきた。実際，アジア共同体講座の7年にわたる活動のなかで，講座を常設化する大学が100校以上になった。これは，講座が一定の評価，客観的な評価を得たものと自負している。

アジア共同体講座はメディアを用いて宣伝することはない。また，財団そのものの活動も一般的に知られているわけではない。そして，各大学に直接DMを送付してお誘いしているわけでもない。それにもかかわらず講座は広がっている。

財団の活動は熱意のある先生のパーソナルネットワークによって支えられ続け，そのことによって財団は今日存在しているのである。

2 助成講座の暦年別の特色

　以下では暦年別に助成講座の特色を簡潔に記す。詳しくは第2章「ワンアジア財団のあゆみ」を参照されたい。

2.1 2010年の特色

・8月，理事長・佐藤が「アジア共同体の創成」について韓国放送通信大学でテレビ講義。大学でのアジア共同体講座開設が可能と確信を得る。

・9月，日本大学国際関係学部，韓国の又石大学・高麗大学・建国大学での講座開設を承認。

・9月，日本（日本大学国際関係学部）でアジア共同体講座がスタート。

・9月，韓国（又石大学，高麗大学）で講座スタート。

2.2 2011年の特色

・アジア共同体講座への理解が進んだこともあり，開設大学の広がりが見込まれる。

・1月，日本大学国際関係学部で理事長・佐藤が講義。優秀学生に奨学証書（賞状）と奨学金を授与。3年以内に100校での講座開設を宣言。

・6月理事会までに14校（日本3校，韓国7校，中国3校，モンゴル1校）での開講を承認。

・7月，東京コンベンション開催時までの開講大学は，日本2校（日本大学国際関係学部，日本大学芸術学部），韓国4校（又石大学，高麗大学，湖南大学，仁川大学）。

・9月，日本・韓国以外で講座スタート（中国の河南大学，インドネシア教育大学，モンゴルのラジオテレビ大学，キルギス国立大学とキルギス・ロシア スラブ大学）。

2.3 2012 年の特色

・アジア共同体講座の開講大学数，開講国数とも増加する。

・1月・2月，タイ（チュラロンコン大学サシン経営大学院），台湾（国立暨南国際大学），カザフスタン（カザフ国立教育大学）で講座スタート。

・3月，モンゴルで，テレビ番組に理事長と首席研究員が出演。

・9月，香港（香港理工大学），中央アジア（ビシュケク人文大学，カザフ国立大学）で講座スタート。

・9月，常設化を前提に3年目の講座開設支援を決定。

2.4 2013 年の特色

・ロシアでの開講で講座が地域的に一層広がる。中国と台湾，韓国と北朝鮮（準備中）の参加で，思想・体制・冷戦の残滓を超える。

・2月，シンガポール（南洋理工大学）で開講スタート。

・3月，ロシア（極東連邦大学），スリランカ（ケラニヤ大学）で講座スタート。

・8月，カンボジア（王立プノンペン大学）で講座スタート。

・9月，ベトナム（ベトナム国家大学ホーチミン校，ベトナム国家大学ハノイ校），マレーシア（南方大学学院）で講座スタート。

2.5 2014 年の特色

・講座開設大学，年間100校を超える。3年目の開講も増加。

・1月，講座常設化を前提に最長10年までの助成継続を決定（当初は2年間の助成。2012年9月に3年目の助成を開始）。3年以内に100大学での講座常設化を決意（2017年4月現在常設化大学は103校）。

・3月，ラオス（スパーヌウォン大学）で講座スタート。

・9月，トルコ（TOBB経済工科大学），アメリカ（セントメアリー大学）で開講がスタート。

2.6 2015 年の特色

・延べ 500 大学での開講が視野に入る。

9 月，カナダ（ブリティッシュ・コロンビア大学，ラヴァル大学）で講座スタート。

10 月，イタリア（ローマ大学サピエンツァ校），コンゴ民主共和国（コンゴ・カトリック大学）で講座スタート。

2.7 2016 年の特色

・国立済州大学大学院（韓国），アジア共同体コース設置。

・1 月，バングラデシュ（イースタン大学）で講座スタート。

・2 月，オーストラリア（オーストラリア国立大学），イギリス（シェフィールド大学）で講座スタート。

・10 月，ポーランド（国立ストシェミンスキ美術大学）で講座スタート。

2.8 2017 年の特色

・2017 年 4 月現在，32 カ国・地域 284 校で講座開設承認済み（講座開設準備中を含め 47 カ国・地域 465 校）。

・同月現在，常設化 103 校。

・同年 3 月現在，講座担当講師数延べ約 7600 名（実数は約 4000 名，他大学への出講があるため）。多くの先生が「ワンアジアの使者」として，財団のネットワークの一翼を担う。

3 アジア共同体講座開設大学一覧

2010 年 9 月〜2017 年 4 月に助成決定した大学の初年度講座情報を掲載している。写真は初年度のものでない場合がある。

掲載順：初年度講座承認順

日本大学国際関係学部（日本・静岡）
2010年9月開講 「特殊講義Ⅰ ワンアジア財団寄付講座」

申請者　佐藤三武朗

又石大学（韓国・鎮川）
2010年9月開講 「アジア共同体論」

申請者　羅鍾一

高麗大学（韓国・ソウル）
2010年8月開講 「アジア共同体論」

申請者　朴鴻圭

建国大学（韓国・ソウル）
2012年8月開講 「アジア共同体論　動画講義」

申請者　白賢東

日本大学芸術学部（日本・東京都）
2011年4月開講 「アジア共同体としての芸術の価値と役割」

申請者　木村政司

仁川大学（韓国・仁川）
2011年3月開講 「アジア共同体論」

申請者　朴済勲

湖南大学（韓国・光州）
2011 年 3 月開講 「アジア共同体論」

申請者　申一燮

河南大学（中国・開封）
2011 年 9 月開講 「アジア共同体の創成に向けた課題」

申請者　李麦収

ラジオテレビ大学（モンゴル国立文化芸術大学）（モンゴル・ウランバートル）
2011 年 9 月開講 「アジア共同体の創成とアジアの将来」

申請者　ルブサンドルジ・ツェツェゲー

嘉悦大学(日本・東京都)
2011年9月開講 「アジア共同体創成へ,アジアの声を聴こう」

申請者　黒瀬直宏

韓国外国語大学(韓国・ソウル)
2011年8月開講 「アジア共同体論」

申請者　朴哲

漢陽大学(韓国・ソウル)
2011年9月開講 「アジア論およびアジア共同体と世界」

申請者　羅鍾一

第3章　アジア共同体講座　97

北京大学国際学部（中国・北京）
2012年2月開講　「東アジア共同体特別講座」

申請者　範士明

同済大学（中国・上海）
2012年2月開講　「東アジア共同体論」

申請者　蔡敦達

インドネシア教育大学（インドネシア・バンドン）
2011年9月開講　「グローバリゼーションとアジア共同体」

申請者　ディアンニ・リスダ

キルギス国立大学（キルギス・ビシュケク）
2011年9月開講 「アジア共同体（過去・現在と結成の見込み）」

申請者　ダミール・D・アサノフ

広島市立大学（日本・広島県）
2012年9月開講 「ワンアジア共同体講座」

申請者　金泰旭

チュラロンコン大学サシン経営大学院（タイ・バンコク）
2011年11月開講 「アジア共同体と経営におけるグローバル・イニシアチブ」

申請者　藤岡資正

第3章　アジア共同体講座　99

国立済州大学（韓国・済州）
2012年3月開講 「アジア共同体論」

申請者　金汝善

香港理工大学（香港・九龍）
2012年9月開講 「アジア共同体への理解：文化と社会の視点から」

申請者　黄居仁

キルギス・ロシア スラブ大学（キルギス・ビシュケク）
2011年9月開講 「特別講座：アジア共同体―歴史的および文化的共通性の探究―」

申請者　アスカー・ジャキシェフ

富山大学（日本・富山県）
2012 年 4 月開講　「アジア共同体論」

申請者　星野富一

祥明大学（韓国・ソウル）
2012 年 3 月開講　「アジア共同体論」

申請者　鄭賢淑

清華大学（中国・北京）
2012 年 2 月開講　「アジア共同体講義シリーズ：東洋と西洋の建築及び都市文化の比較」

申請者　劉健

東京大学教養学部（日本・東京都）
2012年4月開講 「東アジア共同体論」

申請者　木宮正史

東京大学情報学環（日本・東京都）
2012年10月開講 「アジアの広域的統合をめぐるプロジェクト」

申請者　姜尚中

筑波大学（日本・茨城県）
2012年9月開講 「アジア共同体の政治経済学―第二段階に入った地域統合の動きをどう進めるか―」

申請者　波多野澄雄

九州大学(日本・福岡県)
2012年4月開講 「トランスボーダー時代の東アジア市民社会論―東アジア共同体に向けたビジョンの共有―」
申請者　松原孝俊

中山大学(中国・広州)
2012年9月開講 「アジア共同体のビジョンと実践」

申請者　魏志江

東北財経大学(中国・大連)
2012年3月開講 「アジア共同体の創成に向けた課題」

申請者　張抗私

国立暨南国際大学（台湾・南投県）
2012年2月開講 「アジア共同体と教育」

申請者　楊武勲

北海道大学（日本・北海道）
2012年4月開講 「(前期) アジア政治論　(後期) 国際政策特論Ⅰ―アジア共同体を考える」

申請者　遠藤乾

立命館大学（日本・京都府）
2012年4月開講 「アジア共同体形成のための課題と展望―理論，歴史，地域，方法―」

申請者　中戸祐夫

アバイ記念カザフ国立教育大学（カザフスタン・アルマティ）
2012年9月開講 「アジア協力の視点」

申請者　メン・ドミトリー

釜山大学（韓国・釜山）
2012年9月開講 「アジア共同体論」

申請者　柳玟和

早稲田大学大学院（日本・東京都）
2012年4月開講 「アジア共同体の課題と展望」

申請者　林華生

東京学芸大学(日本・東京都)
2012年10月開講　「比較教育学特講―アジア共同体の創成に向けた教育―」

申請者　渋谷英章

泰日工業大学(タイ・バンコク)
2012年6月開講　「アジア共同体創成へ向けて―アセアン経済共同体(AEC)の産業協力」

申請者　ランサン・レートナイサット

延辺大学(中国・延吉)
2012年4月開講　「アジア共同体構築に向けての異文化理解と多言語教育の理論と実践」

申請者　権宇

愛知大学（日本・愛知県）
2012年9月開講 「比較文化特講Ⅰ（アジア共同体論の文化的基層を探る）」

申請者　鈴木規夫

ガジャマダ大学（インドネシア・ジョグジャカルタ）
2012年9月開講 「アジア共同体とグローバル化におけるその展開」

申請者　ヌル・アイニ・セティアワティ

カザフ国立大学（カザフスタン・アルマティ）
2012年9月開講 「アジア共同体とカザフスタン」

申請者　全炳淳

華僑大学（中国・泉州）
2012年9月開講 「アジア共同体に関する基本問題」

申請者　許少波

三亜学院（中国・三亜）
2012年9月開講 「アジア共同体論―東アジアの過去と現在の視点から―」

申請者　許寿童

嘉泉大学（韓国・城南）
2012年9月開講 「アジア共同体論」

申請者　鄭美羅

慶熙大学(韓国・ソウル)
2012年9月開講 「アジア研究:アジア共同体の形成基盤」

申請者　宋錫源

延世大学経済学部(韓国・ソウル)
2012年9月開講 「アジア共同体論」

申請者　李榮善

桃山学院大学(日本・大阪府)
2013年9月開講 「アジア経済の発展におけるアジア共同体の役割」

申請者　竹歳一紀

第3章　アジア共同体講座　109

新潟県立大学（日本・新潟県）
2013年4月開講 「アジア共同体と環日本海」

申請者　権寧俊

一橋大学（日本・東京都）
2013年4月開講 「アジアをつなぐことば―言語と文化からみたアジア共同体」

申請者　糟谷啓介

東国大学（韓国・慶州）
2013年3月開講 「アジア共同体論」

申請者　朴柄植

昌信大学（韓国・昌原）
2013年3月開講　「アジア共同体論」

申請者　李相振

重慶師範大学（中国・重慶）
2013年3月開講　「アジア共同体と反戦平和—抗戦時期の重慶とアジア」

申請者　靳明全

四川大学（中国・成都）
2013年3月開講　「アジア共同体と多民族・多文化の共生」

申請者　周毅

長江師範学院（中国・重慶）
2013年2月開講 「アジア共同体と多民族・多文化の共生」

申請者　金哲

青島農業大学（中国・青島）
2013年3月開講 「アジア共同体特別講座」

申請者　朴京玉

国立政治大学（台湾・台北）
2013年2月開講 「東アジア共同体論」

申請者　蔡増家

バンドン工科大学（インドネシア・バンドン）
2012年9月開講　「アジア共同体講座―アジア共同体形成におけるアートとデザインの役割」

申請者　テンディ・Y・ラマディン

ケラニヤ大学（スリランカ・ダルガマ）
2013年5月開講　「アジア共同体と多民族・多言語共生」

申請者　マッラワ・アーラッチゲー・ニマル・カルナーラトナ

ビシュケク人文大学（キルギス・ビシュケク）
2012年9月開講　「特別コース「世界の発展の基本趨勢：アジアの過去，現在と未来」」

申請者　イシェンバイ・アブドゥラザコフ

東北福祉大学（日本・宮城県）
2013年4月開講　「高齢社会をめぐる諸課題とアジア共同体〜政治・経済・災害・宗教そして福祉〜」
申請者　萩野浩基

東京外国語大学（日本・東京都）
2012年10月開講　「アジア共同体を考える」

申請者　渡邊啓貴

中国外交学院（中国・北京）
2012年11月開講　「アジア共同体の課題と展望について」

申請者　陳奉林

上海交通大学（中国・上海）
2013年9月開講 「アジア共同体構築の課題と展望について」

申請者　王少普

南洋理工大学（シンガポール・シンガポール）
2013年2月開講 「アジア・セミナー・シリーズ」

申請者　ユートン・クア

延世大学アンダーウッド国際学部（韓国・ソウル）
2013年3月開講 「東アジア国際関係論：アジア共同体に向けて」

申請者　孫洌

浙江工商大学(中国・杭州)
2012年9月開講 「アジア共同体の文化的基盤―ブックロードの視点より」

申請者　王勇

防衛大学校(日本・神奈川県)
2013年10月開講 「アジアにおける域内安全保障の現状と課題―アジア共同体創成に向けての展望―」
申請者　山口昇

フェリス女学院大学(日本・神奈川県)
2013年9月開講 「アジア共同体論―多角的な視点から―」

申請者　金香男

明治大学（日本・東京都）
2013年9月開講 「応用総合講座Ⅲ（アジア共同体に向けての相互理解）」

申請者　小西德應

帝京大学（日本・東京都）
2013年4月開講 「特別講座　アジアにおける経済統合と共同体」

申請者　加賀美充洋

明海大学（日本・千葉県）
2013年4月開講 「言葉と文化からアジア共同体を考える（日本語対照研究）」

申請者　柳澤好昭

第3章　アジア共同体講座　117

青山学院大学（日本・東京都）
2013年4月開講 「アジアの地域統合―政治，経済，文化からの多角的検討―」

申請者　羽場久美子

日本大学文理学部（日本・東京都）
2013年9月開講 「アジアにおける地域協力の可能性―いま，なぜアジア共同体なのか―」

申請者　青木一能

韓国カトリック大学（韓国・ソウル）
2013年9月開講 「経済統合論―東アジア共同体を中心に―」

申請者　崔永宗

釜山外国語大学(韓国・釜山)
2013年3月開講 「アジア共同体論」

申請者　鄭起永

檀国大学(韓国・龍仁)
2013年3月開講 「アジア共同体と21世紀の未来ビジョン」

申請者　徐榮洙

中央民族大学(中国・北京)
2013年9月開講 「アジア共同体と多民族共生」

申請者　鄭喜淑

第3章　アジア共同体講座　119

南開大学(中国・天津)
2013年2月開講 「アジア共同体とアジアの国際関係史」

申請者　楊棟梁

浙江大学(中国・杭州)
2013年9月開講 「アジア共同体と歴史的視点からの探究」

申請者　楊雨蕾

南京大学(中国・南京)
2013年3月開講 「アジア共同体と情報管理社会」

申請者　李剛

極東連邦大学（ロシア・ウラジオストック）
2013年3月開講 「アジア共同体への道：北東アジアのビジョン」

申請者　タギル・フジヤトフ

光州大学（韓国・光州）
2013年3月開講 「アジア共同体論」

申請者　金貳謙

王立プノンペン大学（カンボジア・プノンペン）
2013年8月開講 「アジア共同体論」

申請者　ロイ・レスミー

文教大学（日本・神奈川県）
2013年9月開講　「アジア統合のための国際理解教育―東アジアの近現代史から何を学ぶのか」

申請者　丸山鋼二

北京大学歴史学部（中国・北京）
2013年9月開講　「東アジア共同体：歴史実践と理論構想」

申請者　王新生

キルギス工科大学（キルギス・ビシュケク）
2013年9月開講　「アジア共同体に向かって―E（電子）アジア共同体の形成」

申請者　アスカー・クタノフ

復旦大学(中国・上海)
2013年9月開講 「アジア共同体論」

申請者　胡令遠

雲南大学(中国・昆明)
2014年3月開講 「アジア共同体とアジアの国際関係」

申請者　畢世鴻

西安交通大学(中国・西安)
2014年10月開講 「アジア共同体の過去・現在と未来」

申請者　陳学凱

第3章　アジア共同体講座

黒龍江大学(中国・ハルビン)
2014年9月開講 「総合講座:アジアの共同体思想―アジア共同体ビジョンおよび進捗と苦境」
申請者　安成日

遼寧大学(中国・瀋陽)
2014年3月開講 「北東アジア経済協力体制の理論と実践―アジア共同体構築に向けて」

申請者　張東明

香港城市大学(香港・九龍)
2013年10月開講 「アジア共同体に向けて:中国とアジアの一体化の歴史的回顧と展望」

申請者　陳学然

ベトナム国家大学ホーチミン校（ベトナム・ホーチミン）
2013 年 9 月開講　「アジア共同体の理解」

申請者　ホー・ミン・クアン

ベトナム国家大学ハノイ校（ベトナム・ハノイ）
2013 年 9 月開講　「アジア共同体の理解」

申請者　レ・ディン・チン

カトリック関東大学（韓国・江陵）
2014 年 3 月開講　「東アジアの発展とアジア共同体」

申請者　李奎泰

神戸大学(日本・兵庫県)
2014年4月開講 「アジア共同体を考える～アジアの地域協力の課題と展望」

申請者　坂井一成

関東学院大学(日本・神奈川県)
2014年10月開講 「アジア共同体と日本」

申請者　殷燕軍

東洋学園大学(日本・東京都)
2015年4月開講 「アジア「共同知」の探求―アジア共同体入門」

申請者　朱建榮

愛知県立大学（日本・愛知県）
2014年4月開講　「共生・多様性・越境性に基づくアジア共同体の展望」

申請者　堀一郎

韓国放送通信大学（韓国・ソウル）
2013年7月開講　「アジア共同体論―アジアの魅力を探して―」

申請者　姜相圭

済州国際大学（韓国・済州）
2013年9月開講　「アジア共同体論」

申請者　鄭求哲

韓信大学(韓国・ソウル)
2014年3月開講 「アジア共同体の課題」

申請者　李起豪

福建師範大学(中国・福州)
2014年9月開講 「東アジア共同体の過去・現在と未来」

申請者　王暁徳

安徽大学(中国・合肥)
2014年3月開講 「アジア共同体特別講座―言語と文化の共通性」

申請者　王勇萍

湘潭大学（中国・湘潭）
2014年2月開講 「東アジア共同体と東アジアの国際関係史」

申請者　雷炳炎

杭州師範大学（中国・杭州）
2013年9月開講 「開かれた共同体―アジア共同体について考える―」

申請者　金在国

元智大学（台湾・桃園県）
2014年2月開講 「アジア共同体と多言語教育―大学の国際化を目指して―」

申請者　黄郁蘭

南方大学学院（マレーシア・ジョホール）
2013年9月開講　「アジア共同体とアジア文学の多様性」

申請者　王潤華

モンゴル国立教育大学（モンゴル・ウランバートル）
2013年9月開講　「アジア共同体論」

申請者　宋義敏

ダルマ・プルサダ大学（インドネシア・ジャカルタ）
2013年9月開講　「アジア共同体へ向けて―アセアン経済共同体の産業協力」

申請者　オロアン・P・シアハアン

早稲田大学(日本・東京都)
2014年4月開講 「アジア共同体と朝鮮半島」

申請者　李鍾元

中国人民大学(中国・北京)
2014年9月開講 「東アジア古都研究とアジア共同体の展開」

申請者　牛潤珍

湖南師範大学(中国・長沙)
2014年3月開講 「アジア共同体と世界―歴史的視点から」

申請者　李育民

第3章　アジア共同体講座　131

海南大学（中国・海口）
2014年2月開講 「アジア共同体の構築―地域の多民族・多文化共生の視角を中心に」

申請者　金山

大連理工大学（中国・大連）
2014年2月開講 「アジア共同体の直面する金融リスク管理研究」

申請者　遅国泰

香港大学（香港・薄扶林）
2014年1月開講 「アジア共同体と日中韓の伝統文学関係」

申請者　詹杭倫

仁荷大学（韓国・仁川）
2014年3月開講　「アジア共同体形成のための国際移民協力」

申請者　李振翎

スパーヌウォン大学（ラオス・ルアンパバーン）
2014年3月開講　「アジア共同体論」

申請者　ビラー・アノラック

学習院女子大学（日本・東京都）
2015年9月開講　「東アジア共同体論―学際的アプローチ」

申請者　金野純

第3章　アジア共同体講座　133

琉球大学(日本・沖縄県)
2014年4月開講 「アジアの教育,教科書とアジア共同体の可能性─平和教育学概論」

申請者　山口剛史

北陸大学(日本・石川県)
2014年4月開講 「アジア共同体─その創成プロセス:北東アジア地域協力の視点から」

申請者　李鋼哲

ソウル市立大学(韓国・ソウル)
2014年3月開講 「アジア共同体論」

申請者　琴喜淵

慶南大学（韓国・昌原）
2014年3月開講 「東北アジア共同体の構築」

申請者　李洙勲

翰林国際大学院大学（韓国・ソウル）
2014年9月開講 「アジア共同体論」

申請者　崔兌旭

内蒙古大学（中国・フフホト）
2014年9月開講 「アジア関係史とアジア共同体」

申請者　王紹東

武漢大学（中国・武漢）
2014年10月開講　「アジア共同体への再考：言語・文学・文化を視座として」

申請者　涂険峰

魯東大学（中国・煙台）
2014年6月開講　「アジア共同体講座：アジアにおける言語・文化・芸術」

申請者　亢世勇

バッタンバン大学（カンボジア・バッタンバン）
2014年3月開講　「アジア共同体」

申請者　トゥチ・ヴィサルソック

TOBB経済工科大学（トルコ・アンカラ）
2014年9月開講 「アジア共同体論—東から西へ」

申請者　バハドゥル・ペリヴァントルク

ブリティッシュ・コロンビア大学（カナダ・バンクーバー）
2015年9月開講 「東アジアの国際交流史—人と物の移動からみたアジア共同体」

申請者　許南麟

中央大学（日本・東京都）
2015年4月開講 「アジア共同体を考える—日本・アジア関係の歴史から」

申請者　土田哲夫

第3章　アジア共同体講座　137

和歌山大学（日本・和歌山県）
2014年10月開講 「アジア共同体講座「世界遺産から考えるアジアの未来」」

申請者　帯野久美子

大阪大学（日本・大阪府）
2015年10月開講 「21世紀世界の「歴史語り」，アジア共同体の創成に向けて」

申請者　田中仁

東京造形大学（日本・東京都）
2015年4月開講 「海と人とアジア共同体」

申請者　越村勲

培材大学（韓国・大田）
2014年9月開講 「アジア共同体論」

申請者　権静

啓明大学（韓国・大邱）
2015年3月開講 「アジア共同体と国際社会福祉」

申請者　金洙永

京畿大学（韓国・ソウル）
2014年9月開講 「アジア共同体：そのビジョン，経済，政治と文化」

申請者　曺成煥

朝鮮大学（韓国・光州）
2014年9月開講 「アジア共同体論」

申請者　全義天

吉林大学（中国・長春）
2015年10月開講 「アジア共同体の構想―言語，文化の交流と共生を中心に」

申請者　周異夫

内蒙古師範大学（中国・フフホト）
2014年9月開講 「アジア共同体とアジアの国際関係史」

申請者　張文生

煙台大学（中国・煙台）
2014年7月開講　「アジア共同体講座：文化的実践とアジア共同体」

申請者　孟慶義

延辺科学技術大学（中国・延吉）
2014年9月開講　「アジア共同体論」

申請者　金兌炫

浙江樹人大学（中国・杭州）
2014年9月開講　「アジア共同体論」

申請者　金俊

第3章　アジア共同体講座　141

中南財経政法大学(中国・武漢)
2014年9月開講 「アジア共同体に向けた金融協力」

申請者　陳思翀

暨南大学(中国・広州)
2015年2月開講 「アジア共同体の視覚の実践」

申請者　晏青

香港教育大学(香港・大埔)
2014年10月開講 「「アジア共同体構築のために都市化,社会変動と政策対応を考える」シリーズ講座」

申請者　莫家豪

カンボジア教育大学（カンボジア・プノンペン）
2014年7月開講 「アジアの調和」

申請者　イ・ソポアンラタナック

ラヴァル大学（カナダ・ケベック）
2015年9月開講 「東アジアの歴史・文化・社会とアジア共同体」

申請者　李晟文

帝京平成大学（日本・東京都）
2014年9月開講 「国際情報（経済）：アジア共同体の構想に向けて―より広くアジアを知ろう」
申請者　須藤繁

第3章　アジア共同体講座　143

山形大学（日本・山形県）
2015年4月開講 「環太平洋海流と大気とアジア共同体」

申請者　方青

鹿児島国際大学（日本・鹿児島県）
2015年4月開講 「アジア共同体と連動する平和な社会を目指して」

申請者　康上賢淑

尚志大学（韓国・原州）
2015年3月開講 「アジア共同体―文化共同体としてアジア・東アジアを考える―」

申請者　辛炫承

マカッサル国立大学（インドネシア・マカッサル）
2014年9月開講 「アジア共同体論」

申請者　エコ・ハディ・スジオノ

セントメアリー大学（アメリカ・テキサス）
2014年9月開講 「アジア共同体の形成のための共同アプローチ」

申請者　イム・ソンベ

韓南大学（韓国・大田）
2015年3月開講 「アジア共同体論―共生を考える―」

申請者　邢鎭義

長崎大学（日本・長崎県）
2015年4月開講　「アジア共同体講座：アジアの共生と多文化社会」

申請者　葉柳和則

広島大学（日本・広島県）
2015年10月開講　「「アジア」学―アジア共同体に関する学際的検討」

申請者　水羽信男

鄭州大学（中国・鄭州）
2015年3月開講　「アジア共同体と東アジア」

申請者　葛継勇

青島大学（中国・青島）
2015年3月開講　「アジア共同体構築の理論と実践」

申請者　徐哲根

貿易大学（ベトナム・ハノイ）
2015年4月開講　「アジアの地域統合と共同体に向けた相互理解の促進」

申請者　グエン・ティ・ビック・ハー

嶺南大学（韓国・慶山）
2015年9月開講　「アジア共同体論―文化相互主義時代におけるアジア的価値」

申請者　李姃和

韓国交通大学（韓国・曽坪）
2015 年 9 月開講　「多文化共同体論―文化共同体として「アジア・東アジア」を考える―」

申請者　韓奎良

順天大学（韓国・順天）
2015 年 3 月開講　「アジア共同体」

申請者　金光洙

亞洲大学（韓国・水原）
2015 年 9 月開講　「アジア共同体論」

申請者　朴盛彬

明知大学(韓国・ソウル)
2015年3月開講 「アジア共同体とアジアの経済・文化」

申請者　姜允玉

蘭州大学(中国・蘭州)
2015年9月開講 「アジア共同体と国際関係史―歴史文化教育視点」

申請者　趙梅春

上海師範大学(中国・上海)
2015年3月開講 「アジア共同体とアジアの文化交流史」

申請者　湯勤福

第3章　アジア共同体講座　149

大連大学（中国・大連）
2015年3月開講 「アジア共同体の創成とその課題」

申請者　呂秀一

大連民族大学（中国・大連）
2015年3月開講 「大学教育におけるアジア共同体意識の育成―アジア共同体の構築を目指して」
申請者　張淑英

安徽三聯学院（中国・合肥）
2015年9月開講 「アジア共同体創成における多民族・多文化の大学教育―多民族・多文化の大学教育の確立を目指して―」
申請者　金会慶

山東師範大学（中国・済南）
2015年3月開講 「アジア共同体の思考文化基礎―歴史・現在・未来」

申請者　李光貞

上海杉達学院（中国・上海）
2015年9月開講 「アジア共同体の創設―その理想像と現実」

申請者　施小炜

国立台湾大学（台湾・台北）
2015年2月開講 「東アジアの文学と文化」

申請者　梅家玲

マラヤ大学（マレーシア・クアラルンプール）
2015年3月開講　「アジア共同体論―東から西へ」

申請者　潘碧華

カディル・ハス大学（トルコ・イスタンブール）
2015年9月開講　「アジア共同体のビジョンと実践」

申請者　キュチュク・アリ・アッケミク

国立慶尚大学（韓国・晋州）
2015年9月開講　「―アジア共同の家―共同体としてアジアを目指して」

申請者　張源哲

華中師範大学（中国・武漢）
2015年10月開講　「アジア共同体特別講座―グローバリゼーション視野中のアジア文化とその特質」
申請者　李俄憲

ハルビン商業大学（中国・ハルビン）
2015年8月開講　「総合講座：アジアの共同体思想―ビジョン，進捗と苦境」

申請者　康成文

天津外国語大学（中国・天津）
2015年9月開講　「アジア共同体の構築と朝鮮半島をめぐる国際関係」

申請者　修剛

第3章　アジア共同体講座　153

国立台中科技大学（台湾・台中）
2015年9月開講　「アジアの企業経営と文化交流―アジア共同体の形成に向けて」

申請者　黎立仁

文藻外語大学（台湾・高雄）
2016年2月開講　「アジア共同体と言語・文化・消費」

申請者　林淑丹

極東国際関係大学（ロシア・ハバロフスク）
2015年9月開講　「アジア共同体の形成」

申請者　タチアナ・ワガノワ

龍谷大学(日本・京都府)
2016年9月開講 「アジア共同体の創成に向けての国民国家を超えたグローバル観」

申請者　李洙任

中央大学(韓国・ソウル)
2016年3月開講 「アジア共同体論:青年,未来そして教養教育」

申請者　韓秀暎

梨花女子大学(韓国・ソウル)
2016年3月開講 「アジア文化共同体の理解」

申請者　沈小喜

第3章　アジア共同体講座　155

国立江原大学(韓国・春川)
2016年3月開講 「アジア共同体論特別講座」

申請者　兪成善

大連外国語大学(中国・大連)
2015年8月開講 「アジア共同体における環境共生と環境倫理」

申請者　劉利国

湖南大学(中国・長沙)
2015年10月開講 「アジア共同体論 — 信頼醸成のための法的基盤整備」

申請者　白巴根

ローマ大学サピエンツァ校(イタリア・ローマ)
2015年10月開講 「ヨーロッパにおけるアジア共同体」

申請者　アントネッタ・ルチア・ブルーノ

アラバエワ記念キルギス大学(キルギス・ビシュケク)
2015年9月開講 「アジア共同体形成の展望と課題」

申請者　ジュルディズ・バカショワ

コンゴ・カトリック大学(コンゴ民主共和国・キンシャサ)
2015年10月開講 「アジア共同体における文化と宗教の役割」

申請者　マタン・ブレムバ

北京林業大学(中国・北京)
2016年3月開講 「林業資源の保護利用とアジア共同体」

申請者　張暁宇

イースタン大学(バングラデシュ・ダッカ)
2016年1月開講 「アジア共同体形成への道」

申請者　シャリーフ・ヌルル・アークム

パジャジャラン大学(インドネシア・インドネシア)
2016年3月開講 「アジア共同体と持続可能なグローバル競争力」

申請者　デデ・マリアナ

聖公会大学(韓国・ソウル)
2016年3月開講 「アジア共同体論」

申請者 李賛洙

東京理科大学(日本・千葉県)
2016年4月開講 「特別講座 建築から考えるアジア共同体―アジア各国の建築文化・歴史・最新研究動向を通じて―」
申請者 ペ・ソンチョル

西九州大学(日本・佐賀県)
2016年9月開講 「アジア共同体創成」

申請者 向井常博

福島大学（日本・福島県）
2016年4月開講 「アジア共同体構想と地域協力の展開」

申請者　朱永浩

九州国際大学（日本・福岡県）
2016年4月開講 「特別講座　アジア共同体論―市民交流の視点から―」

申請者　木村貴

光州女子大学（韓国・光州）
2016年3月開講 「アジア共同体論」

申請者　林基興

蔚山大学（韓国・蔚山）
2016年3月開講　「アジア共同体論講座：アジアの未来」

申請者　イ・サンヒョン

新羅大学（韓国・釜山）
2016年9月開講　「アジア共同体論」

申請者　沈亨哲

西江大学（韓国・ソウル）
2017年3月開講　「―アジア共同体論特別講座―現代東アジアの形成」

申請者　田寅甲

第3章　アジア共同体講座　161

上海商学院(中国・上海)
2016年9月開講 「アジア共同体論」

申請者　洪偉民

浙江農林大学(中国・杭州)
2016年9月開講 「アジア共同体論」

申請者　関剣平

蘇州大学(中国・蘇州)
2016年9月開講 「アジア共同体の新構築―文化の伝統と交渉」

申請者　李東軍

青島理工大学（中国・青島）
2016年3月開講 「アジア共同体の創成と文化の力—異文化理解の視点から」

申請者　李勁

河南工程学院（中国・鄭州）
2016年3月開講 「アジア共同体と共同文化認識」

申請者　关斐

浙江理工大学（中国・杭州）
2016年3月開講 「アジア文化共同体論と日本」

申請者　徐青

第3章　アジア共同体講座　163

華東政法大学（中国・上海）
2016年3月開講　「アジア共同体論―思想文化とアジア共同体―」

申請者　呉敏

国立中興大学（台湾・台中）
2016年9月開講　「アジア共同体論」

申請者　蔡東杰

国立中正大学（台湾・嘉義県）
2016年9月開講　「アジア地域統合―政治・経済・教育」

申請者　詹盛如

ミエンチェイ大学（カンボジア・ミエンチェイ）
2016 年 2 月開講 「アジア共同体論」

申請者　サム・ガー

オーストラリア国立大学（オーストラリア・キャンベラ）
2016 年 2 月開講 「アジア共同体：東アジアにおける和解と葛藤の記憶」

申請者　リ・ナランゴア

シェフィールド大学（イギリス・シェフィールド）
2016 年 2 月開講 「世界のなかの日本―アジア共同体に向けて」

申請者　グレン・フック

第 3 章　アジア共同体講座

井岡山大学(中国・吉安)
2016年8月開講 「アジア共同体論」

申請者　霍耀林

安徽農業大学(中国・合肥)
2016年9月開講 「アジア共同体創成と言語表現」

申請者　王磊

東亜大学(日本・山口県)
2016年10月開講 「ITによるアジア共同体教育の構築」

申請者　崔吉城

全州大学（韓国・全州）
2016年9月開講　「アジア共同体とディアスポラ（Ⅰ）」

申請者　邊柱承

全北大学（韓国・全州）
2016年9月開講　「アジア共同体における文明と科学」

申請者　文晩龍

信韓大学（韓国・議政府）
2016年9月開講　「アジアの境界と共同体」

申請者　南榮浩

第3章　アジア共同体講座　167

平澤大学（韓国・平澤）
2017年3月開講　「アジア共同体への道：アジアとユーラシア大陸のビジョンと役割」

申請者　ユン・ジウォン

韓国国際大学（韓国・晋州）
2017年9月開講予定　「―アジア共同体の家―共同体としてアジアを目指して」

申請者　朴鐘喆

北京外国語大学（中国・北京）
2016年9月開講　「十六世紀からの文化交流とアジア共同体の形成」

申請者　張西平

海南熱帯海洋学院（中国・三亜）
2016 年 9 月開講　「アジア共同体論―アジア地域観光振興及び協力」

申請者　宋丹瑛

北京連合大学（中国・北京）
2017 年 3 月開講　「アジア文化共同体と東アジア文化」

申請者　張宝秀

嘉興学院（中国・嘉興）
2016 年 9 月開講　「自由貿易地域プロセスとアジア共同体」

申請者　王煥祥

渤海大学（中国・錦州）
2016年10月開講 「多視座から見るアジア共同体意識の発現とアジア共同体の構築」

申請者　劉九令

タドゥラコ大学（インドネシア・中部スラウェシ州パル）
2016年9月開講 「アジア共同体の創成」

申請者　ルクマン・ナジャムディン

コーク大学（アイルランド・コーク）
2017年1月開講 「アジア共同体講座」

申請者　ケヴィン・コーリー

成均館大学（韓国・ソウル）
2016年9月開講　「アジア共同体論」

申請者　キム・トンウォン

崇実大学（韓国・ソウル）
2017年3月開講　「アジア共同体の理解：課題と今後の方向性」

申請者　キム・テヒョン

上海海洋大学（中国・上海）
2016年9月開講　「アジア共同な大海洋へ―アジア共同体創生に向けて」

申請者　周艶紅

中山医学大学（台湾・台中）
2016年9月開講　「外国語・国際協力・社会福祉からアジア共同体を考える」

申請者　林思敏

タイ商工会議所大学（タイ・バンコク）
2017年1月開講　「特別講座：アジア共同体」

申請者　ナタヤ・サタヤフォンファン

国立ハノイ外国語大学（ベトナム・ハノイ）
2016年9月開講　「アジア共同体の理解」

申請者　チャン・ティ・ハウン

スインバン工科大学（オーストラリア・ヴィクトリア）
2017年3月開講　「アジア共同体構築の促進：システムプロジェクト管理からの取組」

申請者　ネルソン・リャン

国立ストシェミンスキ美術大学（ポーランド・ウッチ）
2016年10月開講　「アジア共同体における芸術」

申請者　稲吉紘実

慶應義塾大学（日本・神奈川県）
2017年4月開講　「アジア共同体構築に向けた多面的ネットワークの基盤整備と強化（主に人流・物流の観点から）」

申請者　古谷知之

近畿大学（日本・大阪府）
2017年9月開講　「新たなアジア共同体の形成と協力構築に向けて～政治，経済・経営，教育・文化からの多角的検討」
申請者　金相俊

ソウル女子大学（韓国・ソウル）
2017年3月開講　「アジア共同体論―アジア共同体と女性―」

申請者　宋浣範

南ソウル大学（韓国・天安）
2017年3月開講　「アジア共同体論―その可能性を探る」

申請者　鄭応洙

京東大学（韓国・高城）
2017年3月開講 「「Green Asia 共同体」形成のための課題と展望」

申請者　宋周恩

天津師範大学（中国・天津）
2017年3月開講 「アジア共同体の創生に向かって―心のわだかまりへの解消を中心に」

申請者　楊延峰

浙江財経大学（中国・杭州）
2016年11月開講 「アジアの多文化共生と平和（「中日比較文化」）」

申請者　秦石美

西南林業大学(中国・昆明)
2017年3月開講 「生態文明とアジア共同体論」

申請者　程希平

済南大学(中国・済南)
2017年3月開講 「国際協力とアジア共同体論」

申請者　安同信

山東女子学院(中国・済南)
2017年9月開講 「女性教育とアジア共同体」

申請者　李芯

瀋陽大学（中国・瀋陽）
2017年3月開講 「アジア共同体の創成とその課題」

申請者　朴婷姫

マドリード・コンプルテンセ大学（スペイン・マドリード）
2017年2月開講 「ヨーロッパとの異文化対話におけるワンアジア共同体」

申請者　アスンシオン・ロペス＝ヴァレラ

東義大学（韓国・釜山）
2017年3月開講 「ワンアジア共同体論―その現代と未来―」

申請者　曺永湖

円光大学(韓国・益山市)

2017年3月開講 「アジア共同体論―アジア生命平和リーダーシップ―」

申請者　朴光洙

東西大学(韓国・釜山)

2017年9月開講 「アジア共同体論」

申請者　趙世暎

東華大学(中国・上海)

2017年9月開講 「アジア共同体の服装文化と言語接触」

申請者　張厚泉

逢甲大学（台湾・台中）
2017年2月開講 「アジア共同体―アジアの文化創造の特性とその発展―」

申請者　朱文光

パンヤピワット経営学院（タイ・ノンタブリ県）
2017年1月開講 「アジア共同体とアセアン」

申請者　ソムローテ・コモラバニ

ヴィトィェスタン・アンピワット・ニエット大学（カンボジア・プノンペン）
2017年1月開講 「アジア共同体と教育開発」

申請者　ケァ・ボラット

第3章　アジア共同体講座　179

ウィーン大学（オーストリア・ウィーン）
2017 年 3 月開講 「アジア共同体論」

申請者 オリガ・ホメンコ

ミーコラス・ロメリス大学（リトアニア・ヴィリニュス）
2017 年 9 月開講予定 「アジア共同体入門講座：文化，政治，経済の様相」

申請者 インガ・ザレニエネ

山口大学（日本・山口県）
2017 年 10 月開講予定 「アジア共同体の可能性」

申請者 豊嘉哲

東新大学（韓国・羅州）
2017 年 9 月開講予定 「アジア共同体論」

申請者 鄭鎬泳

東亜大学（韓国・釜山市）
2017 年 8 月開講予定 「アジア共同体論」

申請者 洪淳玖

清州大学（韓国・清州）
2017 年 9 月開講予定 「アジア共同体論」

申請者 沈銀珍

鮮文大学（韓国・忠南牙山市）
2017 年 9 月開講予定 「ワンアジア特講」

申請者 尹煌

忠南大学（韓国・大田）
2017 年 9 月開講予定 「アジア共同体論―東アジア文化と思想共同体―」

申請者 金邦龍

北京第二外国語大学（中国・北京）
2017 年 9 月開講予定 「アジア共同体―越境して共存するアジア文化遺産」

申請者 常耀華

浙江越秀外国語学院（中国・紹興）

2017 年 9 月開講予定 「アジア共同体の生き方 — 教育，文化の融合と未来」

申請者 王宗傑

上海海事大学（中国・上海）

2017 年 9 月開講予定 「船で繋ぐアジア，船で動かす世界：将来に向けたアジア共同体の創成をめざして」

申請者 余祖発

揚州大学（中国・揚州）

2017 年 9 月開講予定 「アジア共同体構築への道：アジア各国の相互依存に対する多角的研究」

申請者 金京愛

安徽新華学院（中国・合肥）

2017 年 9 月開講予定 「アジア共同体創成：「共同」の価値・認識・教育を中心に」

申請者 宋志強

東北大学（中国・瀋陽）

2017 年 9 月開講予定 「アジア共同体をめぐる教育課題」

申請者 呂光洙

上海音楽学院（中国・上海）

2017 年 9 月開講予定 「アジア共同体における音楽と社会秩序の再構築 —「一帯一路」の視座から」

申請者 趙維平

モンゴル科学技術大学（モンゴル・ウランバートル）

2017 年 9 月開講予定 「アジア共同体と現代ユーラシア」

申請者 イチンホルローギーン・ルハグワスレン

ハノイ建築大学（ベトナム・ハノイ）

2017 年 9 月開講予定 「アジアにおける文化と環境の多様性」

申請者 レ・クァン

マラン国立大学（インドネシア・東ジャワ）

2017 年 9 月開講予定 「アジア共同体とそのダイナミクス」

申請者 ヤズィード・バストミ

ビシュケク財経技術大学（キルギス・ビシュケク）
2017 年 5 月開講 「アジア共同体形成の展望と課題」

申請者　エカテリーナ・イウダキナ

ナザルバエフ大学（カザフスタン・アスタナ）
2017 年 8 月開講予定 「アジア共同体：イデオロギーと展望」

申請者　金宗烈

サム・ヒューストン州立大学（アメリカ・テキサス）
2017 年 8 月開講予定 「近代史におけるアジア共同体の構成」

申請者　エリック・バンデンブッシュ

ヒューストン大学（アメリカ・テキサス）
2017 年 8 月開講予定 「アジア共同体論」

申請者　ベク・キジュン

4　アジア共同体講座を開講して

　2016 年前期までに開講した大学の講座担当の先生方よりお寄せいただいた文章である。
　掲載順：初年度講座承認順

文興安（建国大学）

　私がワンアジア財団の「アジア共同体講座開設助成」事業のことを知ったのは 2010 年 8 月だった。当時私は，全国大学校入学関連処長協議会の会長として大学の入学方針のみならず外国人学生の留学方針の策定にかかわりつつ，アジア地域の学生たちの大学教育の問題に大きな関心を寄せており，その問題を解決する道を模索していた。「アジア共同体講座開設助成」事業は，私の抱いていたそうした悩みを解決するひとつの突破口だった。

　私は「アジア共同体講座」の開設に向け，ワンアジア財団の示すガイドライ

ンに沿って建国大学に正規科目として「アジア共同体論」を開設するための試みに意欲的に取り組んだ。ところが初期段階から待ったがかかった。その理由は，「アジア共同体」という語のもつイメージは日本の軍国主義的色彩が強いという点であり，しかも講座開設助成の事業主体が日本に基盤を置く法人だということが問題とされたのだ。1800年代以来，日本と韓国とのあいだにわだかまっている感情と相互不信の根深さを切実に感じた瞬間でもあった。

複数の教授および同科目の講義を担当する先生方を説得し，なんとか本学国際通商学部3年次の選択科目として許可を得た。だが科目名は「アジア共同体」という語に対する拒否感が大きく，その代案として「アジア未来論」に変更せざるをえなかった。そうしたプロセスを経て2011年9月から正規課程の科目を開設し，2014年9月学期まで開講してきた。

数年間にわたる学内でのアジア共同体講座に対する努力と，その必要性が学生はもとより教授および職員諸氏にも認めてもらえるまでになったという満足感が，これまでの苦労を埋めてくれた。こうして6年あまりのアジア共同体講座のためのささやかな努力が，建国大学でも確実に根を下ろしている。「アジア共同体論」は建国大学の全学生が教養科目として受講可能な科目へと変更され，2年目の講座が開講中だ。大きな変化の始まりは，こんなふうに種をまき育てることから始まるのだということにあらためて気づかされた次第である。

木村政司（日本大学）

「ワンアジアから芸術の役割を考える」というテーマで2年間講座を展開することでみえたのは，芸術文化の役割がアジア共同体の創成に貢献できる可能性だった。芸術文化をテーマに講座を設計する過程で貴重な経験ができた。

また，その経験をリアルタイムで学生に還元できたことは，我々の講座開設の価値と意味を感じた部分であったかもしれない。東日本大震災や中国・韓国との領地問題は，芸術学部での講師の招聘に影響を及ぼした。つまり，芸術を学ぶ学生にとって，アジアが抱える問題の意味と価値を十分考える機会をつくっ

たことになった。

　アジア共同体創成のための財団の活動は，継続することで音楽の力のように人々の心を柔軟に解きほぐすときを必ずもたらすと確信している。

佐藤正文（嘉悦大学）

　講師に招いた各国の友人たちはその後，今度は自分の国でも同様の講座を開きたいと財団へ助成を申請し，2012 年にはタイの泰日工業大学で，2013 年にはインドネシアの元日本留学生が設立したダルマ・プルサダ大学で，そして2016 年からはバングラデシュのイースタン大学で，新しい講座が開始されることとなった。その間，アジア各国の講師は互いに他の大学を訪問し，時には財団の国際会議にも招かれて交流を行い，学生同士の相互訪問も始まった。アジアの国々と日本が対等につきあえる関係を作りたいと願い，私が学生時代から目指していたアジア共生の夢が近づいてきた。

　このような機会を提供してくださった佐藤理事長率いる財団の柔軟な対応に心から感謝したい。そして，あまり遠くない将来，「アジア共同体の創成」を願う私たちの気持ちがアジアの国々のより多くの若い世代に伝わっていくことを心から願っている。

ダミール・アサノフ（キルギス国立大学）

　東アジアでは，7 という数字に神聖な意味がある。そして，ワンアジアという考えがこの 7 年のあいだに実質的に普及したこと，これは実に意義深いことである。

　アジア共同体講座を受けた学生たちは，そこから学んだ考えと心構えに導かれながら活動を続けていく。このように，ワンアジアという考えを共有しながら将来の社会的基盤を創りだす人々が，徐々に増えつつあるのだ。

　ワンアジアの考えを支持している 20 カ国以上の高等教育機関の代表と会ったことで，私たちは正しい方向に向かっているという確信が強まった。

哲学的な考えの形成を経て，これまで抽象的なものでしかなかった道徳的・倫理的な原理が，目前で具体的なかたちとなって現れつつある。これまでの7年間に行われてきたワンアジアに向けた科学的・実際的な活動は，アジアを統一していくうえで，困難ではあるものの必要な段階であったように思われる。過去7年に開かれてきたコンベンションは，将来への良き希望をもたせてくれた。そして，ワンアジアの将来の実現に向けた足がかりをも築いてくれた。

酒井富夫，小柳津英知（富山大学）

教科書として利用する目的で，講義担当者を中心に執筆した『東アジア地域統合の探求』（法律文化社，2012年）と『アジア共同体構想と日中韓関係の再構築』（昭和堂，2015年）の2冊を，いずれもワンアジア財団の助成を活用して出版できたことは大きな成果であると感じている。

「アジア共同体論」の開講に伴い，これに関連した国際シンポジウムもほぼ毎年開催してきた。その結果，国内の他大学，および中国，韓国の研究者とのネットワークは飛躍的に拡大を遂げている。なお，これら研究者の方々も上記2冊で共著者になっている。地方圏の小都市にある本学が，このように活発な研究交流を続けることができたのも，ワンアジア財団からの助成による「アジア共同体論」という視野の広い講義を継続できたからだと思う。

アジア共同体の実現性そのものは，残念ながら最近の中国や韓国との外交関係の悪化に鑑みると，かなり遠のいた感があるのは否めない。

今後も「アジア共同体」を軸に多面的な研究を進め，本学が日本海に面した富山の総合大学であることをふまえ，これにふさわしい研究基盤の中核となることを目指していく。

鈴木規夫（愛知大学）

漱石の『草枕』に，「人の世を作ったものは神でもなければ鬼でもない。やはり向う三軒両隣にちらちらするただの人である。ただの人が作った人の世が住

みにくいからとて，越す国はあるまい。あれば人でなしの国へ行くばかりだ。人でなしの国は人の世よりもなお住みにくかろう。……」とある。

　この地球上に立ち現れている「人の世」は，ナショナリズムの名の下に，これまで不幸にも「向う三軒両隣」が「人でなしの国」であると誤って教えられてきた時代もあった。だが，今ではその段階から少しばかり進んで，お互い「ただの人」であることを自覚するのに右往左往している。欧米人に緊張する輩が自国民やアジア人には横柄になっているという図は，未だに垣間見える醜い光景だが，そうやって植えつけられているコンプレックスを超えて，「ただの人」であることを相互によく分かりあうことはそもそもとても大変なことである。それも人の世の常であろう。

　くわえて，現況の初等中等教育では，「人」であることを教えようとするのに「〜人」であることを前提にして教育プログラムが構成されている。「アジア人」や「地球人」を形成するようにはできてはいない。

　たしかに，EU では高校生用の『ヨーロッパの歴史―欧州共通教科書―』や『ドイツ・フランス共通歴史教科書』といった試みが幾度となくなされてはいる。しかし，採択件数はヨーロッパ全体からすればあまりにわずかであり，さらにその教科書に対応するかたちで，教育課程基準や大学入学資格試験制度を改定することにもなってはいない。

　本来学問的真理や普遍性にのみ依拠しなければならない大学においても，実は事情はあまり変わらない。ベルリン大学や東京大学などの創設それ自体が物語っているように，現代世界の多くの大学は，近代国家がナショナルな存立基盤を構築するために設立されているからである。しかし，大学には真理と普遍性の名の下に，ナショナルなドクサを突破していく潜勢力が存在する。

　「ワンアジア講座」は，そうしたドクサ突破のためばかりでなく，「人の智」が真理と普遍性へと開かれていく重要な契機となっている。そして，「ただの人が作った人の世」を，「智に働いて」理解できるような言説を構築するようになるのである。ただ，それにはまず，「智に働けば角が立つ。情に棹させば流され

る。意地を通せば窮屈だ。とかくに人の世は住みにくい。……」ということを学ぶところから始まらざるをえない。しかし，それは我々が地球人となっていくひとつの確かな階梯にほかならないのである。

全炳淳（カザフ国立大学）

カザフ国立大学では，2012／2013年度から4年間にわたってアジア共同体講座が実施されてきた。筆者はワンアジアというビジョンを共有し，大きな誇りをもってこの大学で同講座を担当している。

以下，本学のアジア共同体講座における経験と戦略について，いくつかの点にまとめた。

第一に，本講座は履修登録していない学生，交換留学生，そして学科の教員にも受講を認めるとともに，科学研究所や文化，文芸，芸術に関する団体をはじめとしたアルマトイにある外部の機関からさまざまな分野の受講者を募ることによって，柔軟に運営されてきた。各学部の専攻の異なる学科は生徒数が少なく，また，各講座がロシア語のクラスとカザフ語のクラスに分割されていることをふまえると，この戦略によりアジア共同体講座の宣伝効果はより拡大されるとともに，ますます効果的に展開されることが期待できるだろう。

第二に近年，アジア共同体講座は2単位が与えられる正規の学科として開講されることとなり，2016／2017年度からは東洋学を専門とする4年生が受講することが決定した。また，2014／2015年度および2015／2016年度に当講座を履修した学生については，追加で2単位を取得できる（追加的な科目として聴講）ようになった。新しく採用されたこの講座は，選択科目として定期的に開講されるものの，本学のカリキュラム制度上は必修科目と実質的に変わらない。

そして第三に，この講座の担当者は学生や講師に対し，この講座への積極的な参加を促進する努力を行う。その一例として，学生は出席回数や課題の達成度のみならず，コンテスト形式で実施される設定されたテーマに関するプレゼンテーションのパフォーマンスについても評価される。学生たちはこのコンテ

ストに真剣に取り組むことを通して，自ら考え，研究し，議論する機会を得ることができる。また，当講座の講師たちに対しては，講義のテーマに関する研究論文を提出することを推奨しており，それらの論文は刊行に向けた支援対象となることによって学術的な成果として普及することになる。

許寿童（三亜学院）

アジア共同体講座にかかわってから，いろいろな出会いが続き，それに伴う交流が深まってきた。コンベンションでの出会い，本学を訪れた学者たちとの出会い，出講先大学の教員と学生との出会いなどがそうである。

2012年8月，私は韓国仁川に赴き初めてワンアジア財団が主催したコンベンションに参加した。コンベンションには十数カ国の350名あまりの学者らが集まり，まるで国連会議のような大会であった。これまで日中韓3カ国でいろんなシンポジウムに参加してきたが，これほど多くの国の参加者が集まった大会に出たのは初めであった。その後，済州島と上海で開催されたコンベンションにも参加したが，参加者とその出身国の数は増えるばかりだった。2015年の上海大会にはアジアのほか，遠くアメリカやヨーロッパからも複数の学者たちが参加していた。毎年のコンベンションでは学術交流のほか，内外の旧知にも出会って旧情を温めあえた。また新しい人とも知りあえて，まさに温故知新の場であった。

本学での助成講座は，2012年10月に「アジア社会発展とアジア共同体」と題してスタートした。台湾を含む国内の学者のほか，日本や韓国の錚々たる学者たちに要請して「アジア共同体論」を展開したが，歴史の浅い本学で短い時間内に外部からこれほど多くの学者が集まったのは初めであった。国内外の多くの学者たちの講義を聴くことができた学生たちも喜んでくれた。

同時に，助成講座を開設した国内外大学からの要請を受け，幾度も出講する機会に恵まれた。国内の中山大学，漸江工商大学，杭州師範大学，中央民族大学，海南大学，大連大学，長沙大学，漸江樹人大学のほか，韓国の檀国大学や

日本の関東学院大学など10校の大学に招かれ，現地の担当教授および受講生たちと一緒に「アジア共同体論」を深めることができた。出講するたびに，現地の大学生や院生からいろんな質問を受けて刺激になった。日本の大学では，中国のハルビン近くで恐ろしい人体実験を行った日本軍731部隊について話すとき，同部隊に関する知識がゼロである学生が複数いることに驚いた。日本の歴史教育の実態を現場で確認することができたが，東アジアにおける歴史問題解決の難しさをも実感させられた。

　出会いがなかったら，このような意味ある交流や貴重な体験をすることもなかっただろう。これからも出会いの機会を増やして自分の視野を広げるとともに，「共同体」に対する理解を深めながら，志をともにする仲間たちと一緒に「アジア共同体」の構築に向けて邁進していきたい。

大島一二（桃山学院大学）

　桃山学院大学では，日本の将来の担い手である若者にアジア情勢をいち早く理解させ，アジアとの共同を促進するために，関係講座の開講，海外研修の強化，協定校との交流などを推進している。ワンアジア財団にご助成いただいている本講座は，その入門として，本学学生がアジアを知り，アジアに目を向ける重要な方途のひとつと位置付けている。

　今後も，講座開設による関心の喚起→体験型海外研修への参加者の増大→本学におけるアジア人材の育成という好循環をさらに推進していきたいと考える。

権寧俊（新潟県立大学）

　これまでの成果物として，『東アジア研究の講義集Ⅰ・Ⅱ』（2013年，2014年），『多文化共生社会に向けて』（2016年）の報告書，『歴史・文化からみる東アジア共同体』（創土社，2015年）という出版物を刊行することができた。これらの刊行の主たる目的は，現在の到達点を書物のかたちでまとめ，広く世に提供することにある。さらに，書物として著述し整理していくことそれ自体

が，「アジア共同体論」の学問的な水準をいささかなりとも押し上げることにつながると思う。新潟県立大学では，これからも引き続き「アジア共同体」の実現に向けて研究を続け，何らかの貢献ができれば幸いである。

朴京玉（青島農業大学）

受講生はアジア共同体基礎理論を身につけ，アジア共同体およびアジア地域の一体化の意義を深く理解し，またその成果や課題を理解することで，アジア共同体の実践に参加するための価値観を育成し，アジア共同体建設に貢献する動機付けを深めたのである。

本講座を通じて，学生はいうまでもなく，本校の日本語学科の先生方もアジア共同体に対する認識を深め，アジア共同体の実践に積極的に参加する意欲を強め，積極的にアジア共同体の研究に取り組むようになった。また，青島農業大学外国語学院日本語学科のカリキュラムを充実させ，これからの日本語学科の歩むべき道を広げてくれたのである。

マッラワ・アーラッチゲー・ニマル・カルナーラトナ（ケラニヤ大学）

アジアの多様な側面を扱う「アジア共同体講座」によって，スリランカのみならずアジア諸国のあらゆる状況についての情報を調査・分析する機会が提供された。狭い視野の考えにとらわれていた人々は，このワークショップをきっかけに，柔軟な姿勢で思考するようになったのである。

ふたつの版の『ワンアジア・セミナー・シリーズ特集号』の頒布によって，スリランカ中の大学や主要な図書館にワンアジアという考えを広めることができるだろう。これらの冊子は，2013年と2014年に開催されたコンベンションに提出した論文を編集して，刊行したものである。

この「アジア共同体講座」の開講にあたっては，ワンアジア財団による助成のおかげで，日本，中国，韓国，インド，インドネシア，フィリピン，台湾，シンガポール，アメリカなどの国々から来た研究者や，30名のスリランカ人研

究者からリソース面での協力を得ることができた。2013 年と 2014 年に開催された コンベンションにおけるワンアジア財団理事長である佐藤洋治氏による講演は，ワンアジアという考えをスリランカ中に広めることを奨励するものであった。

渡邊啓貴（東京外国語大学）

　東京外国語大学国際関係研究所がワンアジア財団の助成により，「アジア共同体を考える」というリレー講義を開催して 4 年が経過した。当初，外国語大学の特徴を生かして，アジア共同体の解説や展望を提供する授業であるとともに，外語大学らしい授業を実現したいと考えた。そして「世界からみたアジア共同体のイメージや実現性」について考える講座にすることを財団と話し合い，実施してきた。中東地域やインド，また ASEAN 内の国を研究する講演者のなかには，「アジア共同体」に対する悲観的な見方もあったが，それをあえて意識した講座を組織した。さまざまな見方を学生に考えてもらいたいという意図であったが，その甲斐あって学生のレポートにはこの授業でこれまでの問題意識を深めることができたり，新たな発見があったというポジティブな意見が次第に多くなった。実際当初 80 名程度の受講生数が，百数十名規模の授業にまで拡大した。

　それに伴い，学生の質問も次第に専門的なものに発展，アジア共同体に対する意識が学生のあいだに広くいきわたってきたが，2 年目の終わりに出版した『世界からみたアジア共同体』（芦書房）が教科書として学生によく読まれていることがそれを後押しした。

　財団の活動については，こうした援助だけでなく，助成講座に貢献している教員・研究者の大規模な研究会合を毎年開催されていることは，高く評価できる。中国やそのほかのアジアの国々の研究者との定期的な交流は参加するたびに啓発される点が多い。国際友好親善事業であるとともに，知的交流を強く押し出した財団の高い見識の表れである。

またアジア共同体にかかわる事業であるにもかかわらず，アフリカ・ヨーロッパを含む世界規模の知的・研究・教育交流として財団の活動を広げようという財団の志についてはこれも大いに評価したい。今，日本ではアジア共同体の意識は下火ではあるが，この発想はなくならないばかりか，日本の将来，アジアの将来にとって必然的な方向であると筆者は確信している。EU研究を例にとると，先進社会の行き詰まりは結局「国境を超えたリストラ」（地域統合）というかたちで克服するしか道はない。それは単なる理想論を越えて早晩アジアの将来のリアリズムの選択であると筆者は確信する。そうした意味から，財団のさらなる貢献に期待したい。

金香男（フェリス女学院大学）

　フェリス女学院大学国際交流学部は，2013年度より3年間にわたりワンアジア財団の助成を得て連続講座「アジア共同体研究—多角的な視点から—」を開講してきた。連続講座は毎回，将来の「アジア共同体」を担う若い学生数百名が学んだ実りあるものであった。日本，中国，韓国ほかアジア各国の研究者や専門家が講義に参加してくださった。学部生を対象とした1学期15回のオムニバス講座は，ワンアジア財団の助成があってからこそ可能だったといえる。そのおかけで，本講座はいまやグローバル化する世界におけるアジアの現状について学習・議論する場となっている。開講当初から学生たちの関心は大変高く，アジアの過去・現在・未来について多様な視点をもつことができ，学ぶことができた。授業を履修する学生はもちろんであるが，講座責任者の私も毎回の講義を楽しみにしてきた。学生からは，「さまざまな国や地域からの講師による授業は，とても新鮮で良い刺激を受けた」，「アジア人のひとりとして，これからどうすべきかを考えるようになった」，「授業では多くの学生が質問するので，自分と違う意見も聞けるし大変参考になった」，「今後も継続して開講してほしいし，後輩たちにも勧めたい講座！」などの感想が寄せられた。

長田博（帝京大学）

　帝京大学経済学部では 2013 年からワンアジア財団の助成をいただき，「アジアにおける経済統合と共同体」を正規の授業科目として開設し，2016 年で 4 年目になる。

　講義は主に 2 年生以上を対象とする選択科目として開設されたが，初年度春学期の履修登録学生数は 915 名で，講義室が超満員となった。アジア諸国の経済相互依存が深まりつつあることに学生たちが気づき始めたところに，著名なアジア研究者を招いたオムニバス講義が受けられる機会が到来したことが，学生たちの大きな関心を引いた理由であった。また，次のような 3 つの特徴も学生にアピールしたのではないかと思われる。第一に，講義数が 30 回と多く，春学期の学習をベースに秋学期ではさらに専門的な内容の講義が受けられること。第二に，アジア出身の外国人講師の生の声が聴けること。第三に講師陣の執筆による『東アジアにおける経済統合と共同体』（廣田・加賀美編，2014 年，日本経済評論社）が教科書として作成されたこと。なお，この教科書作成にはワンアジア財団からの助成金を充当した。

　受講者数が多いのは嬉しいことであるが，円滑かつ静粛な講義運営のためには配慮が必要であった。常時，2 名の教員が講義のサポートをするという態勢をとり，それが今日まで続いている。2 年目以後の受講者数は，年ごとの変動はあるが 450 名前後に落ち着いたが，それでも予定した大教室に入り切れるかどうかハラハラしている。

　この講座開設のおかげで，学生たちのアジア諸国に関する理解は確実な広がりを見せている。講義を受ける前には，平均的な学生の知識は断片的な観光情報に限られ，地図のどこにその国が位置するかも不確かであった。しかし，通年の講義を通じて，①アジア各国の政治・社会・文化に関する常識，②アジア各国の経済の特徴と課題，そして，③アジアの経済統合と共同体への動き，について学び，アジアのニュースに関心をもつようになってきたことは喜ばしいことである。

第 3 章　アジア共同体講座　193

羽場久美子（青山学院大学）

2013～15年に「アジア共同体講座」を開講して良かったことは，丁度その時期は日中，日韓関係が悪化しており，尖閣・竹島問題など領土紛争や歴史問題も浮上していたが，学生たちも多様な視点でアジアをみることができるようになったことである。合わせて毎年，中国や韓国から重要人物や若者たちを呼んで，国際会議を開催した。3年目は中央アジアからの研究者や学生も招いて多様性と統合の国際会議を開いた。

また『グローバル時代のアジア地域統合』，『国際政治から考える東アジア共同体』などの著書や日米中韓の研究者によるアジア地域統合に関する英語の著書も4冊出版した。

毎年夏に開かれる世界のアジアの方々とのワンアジア国際交流は，ワンアジア財団の方々の温かさもあり，毎年感動を呼ぶ盛況で，多様なアジアが互いを尊重しあいひとつにまとまる感動を得られる貴重な場である。今年も是非参加したい。

世界中のアジアの多様・多層な人々による，ワンアジアのますますの発展と繁栄を，心よりお祈り致します。

青木一能（日本大学）

日本大学文理学部では総合教育プロジェクト科目として，ワンアジア財団の助成講座を「アジアにおける地域協力の可能性—いまなぜアジア共同体なのか—」をテーマに2013年，2014年の後期2度にわたって開講した。そこでの狙いは，世界各地で地域共同体の構築が活発になっている今日，アジアにおける地域協力の現状とその制度化の可能性についてアジア各国の視点を受講生諸君が学習し検討する機会を与えることであった。

とくに受講生諸君には，多角的な視点を「生」の現地情報を交えて聴講できるように，講師は可能な限りアジア諸国の現地の研究者や教育者に依頼するように計画した。こうしたアジア各国からの講師による講義は，それだけで受講

生諸君には大いなる刺激を与えたばかりか彼らの眼をアジアに開かせる契機を与えたものと思っている。日本大学文理学部の講義科目のなかには外国人講師による直接的な講義はほとんどない現状から，当初は受講生諸君に萎縮した雰囲気もみられたものの，回を重ねるごとにそれも少しずつ解消されていったと思われる。とはいえ，講師のなかには日本人学生の消極性に物足りなさを感じた方もいたが，だからこそこうした経験の積み重ねが必要であるとの根拠にもなる。

いずれにせよ，アジア共同体というテーマの下で一連の外国人講師の講義を受講できる機会を得た学生にとって貴重な時間であり，こうした時間を連続的に経験することが日本の若い世代にとってきわめて重要であるだろう。さらに加えて，これらの講師と今後の連携のためのネットワークが構築できたことは，招聘作業の大変さは別にして，担当者にとっては重要な成果であったと考えている。

鄭起永・李明寧（釜山外国語大学）

本学では，付設研究所である「アジア共同体研究所」が中心となり，2013年1学期から「グローバル化・国際化領域」の教養科目として「アジア共同体論」講座を開設してきた。初年度は，受講生250名を先着順で募集し，運営を行ったところ，膨大な受講者数の「出席および成績管理」に困難がみられ，2014年には受講者を150名に縮小した。しかし，年々，受講を希望する学生数が増加したことに伴い，2015年には180名，そして2016年には再び250名で講座を開設することになった。また，本学では「アジア共同体論」講座を2015年1学期から「常設科目」として開設し，その後，継続的に講座を運営することになった。

本学で行われた「アジア共同体論」におけるテーマは，「アジア共同体と多言語・多文化コミュニケーション（2013）」，「アジア共同体と地域事情（2014）」，「アジア共同体とグローバル人材（2015）」，「アジア共同体とグローバル人材の交流（2016）」である。現在，アジア地域の急速な発展に伴い，民間交流を越

えた「アジア地域の経済・文化共同体」や，今後「アジア地域の政治・安保共同体」の形成も遠くはない時代を迎えている。このような時代を生きる大学生に，本講座を通して「アジア各国が，文化・教育・社会・政治・安全保障などさまざまな分野において互いに尊重・協力することで，共通の価値観づくり」に役立ててもらいたいという思いから，このようなテーマで講座を行ってきた。

　この「アジア共同体論」講座を受講した学生167名を対象に，2015年に「受講生の意識変化」について調査を実施したので，その内容を簡単に紹介する。まず，「本講座を受講する前から，アジア共同体（ONE ASIA）に関する理解や認識があったか」という質問に対し，わずか13％（24名）が「はい」と答え，大多数の学生は受講前に「アジア共同体に対する認識がなかった」ことが分かった。しかし，講座受講後の「本講座を通して，アジア共同体への理解度が深まったか」という質問に対し，約70％の学生が「はい」と答えた。また，「アジア共同体は必要だと思うか」という質問に，約80％の受講生が「はい」と答えた。つまり，本学で実施している「アジア共同体論」講座を受講したことにより，大多数の受講生が「アジア共同体に関する理解度が深まったことはもちろん，その必要性についても十分に認識するようになった」ということができるだろう。

タギル・フジヤトフ（極東連邦大学）

　極東連邦大学（FEFU，ウラジオストック）はロシアで初めてワンアジア財団による「東アジアコミュニティーへの道」というコースを設置した（2013年）大学である。加えて，FEFUはアジア太平洋地区研究において長い伝統をもつことでも知られている。そのような環境にあってワンアジア財団の助成に応募するにあたり，内容と講義担当者の両方において斬新なコースを構築したいと考えた。中心となったアイデアは各国の代表者たちに講義をしてもらい，東アジア地域で今まさに進展中のさまざまな事案について各自の意見を述べてもらうことであった。したがって，他大学や機関から多彩な講師陣を招待した。

つまり，このコースの講師たちは全員（コーディネーターの筆者を除いて）
FEFU では「新顔」であり，学生たちは彼らの論文を通じてその存在を知って
いるという人物ばかりを集めた。

受講者を募集する際には例外的に自主的に集まってもらうこととした。一般
的には大学 3 年生の参加者が多かったが，大学院生や若い講師，また DV-Re-
gion という広告・マーケティング代理店からの参加者も数名交じっていた（全
体で 52 名）。

このコースは開始後すぐに「スターコース」という通称で呼ばれるようになっ
た。ゲスト講師の知名度も人気に貢献した。傑出した科学者や活動家たちが集
結し講義の話題も独特だったので，学生たちは東アジアでの出来事を新たな視
点で見つめることを強いられた。12 名の講師が 15 の多彩な講義を行い，受講
者は幅広く力強い関心を示した。FEFU のウェブサイトでこのコースに関する
情報を常に発信し，地元マスメディアも関心を示した。例えば，講師たちのな
かにはテレビやラジオでインタビューを受ける者もいた。

FEFU の教授，研究員，学生たちは，歴史家，言語学者，文化学者，経済学
者，政治学者，活動家など，東アジア地域の傑出した専門家たちと語り合う特
別な機会を得ている。

さらに，このコースに並行して専門家による日露シンポジウム「北東アジア
におけるロシアと日本の協力」も開催されている。

このように，ゲスト講義主体の当コースが導いた成果をみれば，このコース
がきわめて有益で高い需要があることは明白である。

丸山鋼二（文教大学）

文教大学（神奈川県茅ヶ崎市の文教大学湘南キャンパス）で初めてアジア共
同体講座が開講されたのは 2013 年度秋学期（9 月～1 月）のことであった。国
際学部の正規授業科目「東アジア関係史」において「アジア統合のための国際
理解教育—東アジアの近現代史から何を学ぶか—」という講義タイトルで開講

した。担当者の専門である「中国現代史」と所属する学科「国際理解学科」の
理念とを結び付けたものである。

　21世紀に入って，東アジアにおける摩擦や対立の側面が大きくなってきたこ
とを，どの研究者・大学教員も憂慮していたと思う。私もそのひとりであった。
が，大学教員として対立解消や和解促進に向けた具体的な行動をどうすればよ
いかと悩むことはあっても，具体的に行動に移すことは弱かった。講座開設は
私自身の希望を行動に移すきっかけとなった。

　毎回の授業では，A4版1枚以上の意見・感想（コメント）を書くよう受講
生に求めた。また，各講師からも追加のレポート課題が提示された。これはこ
れまでの授業で学生に課したことのないものであった。が，受講生たちは私の
予想を上回る熱心さで講義に取り組み，各講師から10点満点以上の評価を受
ける学生もたくさんいた。そして，講義を経ることで，「今まで東アジアが統合
するのは難しいのではないかと思っていたが，例えば，中国と日本との間柄を
我々は強い固定概念でみていたのではないでしょうか」というように，学生の
意識の変化にもつながっている。

アスカー・クタノフ（キルギス工科大学）

　キルギス工科大学（KSTU）ではテレマティクス学部の学習課程にワンアジ
ア財団提供の「アジア共同体を目指して― e-アジアコミュニティーの形成―」
というコースを導入したが，これは適切な決断であった。コース設置から3年
が経過し，講師陣にとっても学生にとってもワンアジア財団の基本理念や哲学
をより深く理解するすばらしい体験となっている。このコースはオムニバス形
式を採用し学生に人気である。なぜなら，学生たちにとっては外交官やその他
の興味深い講師から直接話を聞く機会は滅多にないからである。そしてそれ以
上に，講義を担当する講師がそれぞれアジアコミュニティーでの第一級の知識
や経験を伝えようと努めており，コース内容が充実しているからである。した
がって，学生にとってアジア諸国の歴史と文化，またアジアにある諸大学間で

の協力の可能性を学ぶ良い機会となっている。

　アジアコミュニティーに関するこのコースは本学の学生たちにとって大変役立つものであると考える。今日，若者たちのあいだでダイナミックに発展しつつあるアジア諸国への関心が高まりつつあり，ワンアジア財団によるKSTUのこのコースは若い世代にアジアコミュニティーの形成というビジョンを提供している。ワンアジア財団の教育および科学分野におけるアジア諸国の大学間協力によってアジアコミュニティーを形成しようというアプローチを，本学は全面的に共有するものである。

　現在，キルギス共和国はアジア諸国との政治・経済・文化的な関係性の拡大に努めており，キルギス工科大学での新コース「アジア共同体を目指して―e-アジアコミュニティーの形成―」には高い関心が寄せられている。

陳学然（香港城市大学）

　香港城市大学におけるアジア共同体講座シリーズは，地元メディアから注目を集めた。例えば，地元紙『文匯報』は，第10回講義のゲストスピーカーである日本の著名な映画監督崔洋一氏と，刈間文俊教授のふたりにインタビューを行い，日本映画と日本文化について2本の特集記事を紙面上に掲載した。さらに，第12回講義のゲストスピーカーである中村元哉氏が，テレビ番組のためラジオテレビ香港（RTHK）からインタビューを受けた。新聞記事のすべては，講義シリーズに関するウェブサイトに掲載されている。掲載した新聞記事10本を財団および友人の皆様と共有できることは，我々にとって大変光栄である。

レ・ディン・チン（ベトナム国家大学ハノイ校）

　ベトナム国家大学（VNU）ハノイ校では，人文社会科学大学（USSH）東洋学部において，「アジア共同体の理解」講座を開設した。

　講義では，歴史，政治，経済，文化，教育，社会，ヘルスケア，国際法，そ

して世界とアジアという文脈における国際関係問題など，関連する多様な分野からテーマが取りあげられた。学生たちは講義を通して，アジア共同体に関する背景情報とともに最新の情報を身につけていった。また，教授・講師陣は学生たちに対して，「アジア共同体の研究に関する異なるアプローチ」も提供した。

　私は，アジア共同体を理解するための講座を，ベトナム国家大学ハノイ校の人文社会科学大学東洋学部を含むアジア各地で組織・実施したことは，とても効率的であり，学問的にも実践的にも大きな意義があったと考えている。「アジア共同体」とは，将来のアジア地域にとって理想的なモデルである。そして，学生たちは講座を受講することによって，このモデルの構築に向けたコミュニティー開発について，基本的な知識だけでなく最新の情報も得ることができた。

李奎泰（カトリック関東大学）

　アジア共同体という主題で行われるワンアジア財団大学講座助成プログラムは，大学生らがひとつの共同体としてアジアと世界をみることができる契機を提供する重要なプログラムだ。韓国，中国，日本はもちろん，東南アジアや中央アジアなど全世界の大学へと拡大し，世界各国の学生らが自国と異なる国家・民族とどのように交流し共存すべきかという問題を多様な角度から認識し理解する機会を提供している。

　2015年カトリック関東大学と明知大学が講座プログラムを進め，共同で学生らのアジア共同体に関する認識について統計調査を行い，2015年上海コンベンションで発表した。その調査結果を分析した結果，学生たちがアジア共同体をどのように捉え，今後の方向性と問題点をどのように考えているかを把握することに大いに役立った。このような統計分析資料は，講座プログラムにも有意に活用することができ，学者の研究資料，国家政策立案資料としても非常に価値が高い。ワンアジア財団が助成する講座プログラムを運営する教授の協力が得られれば各大学でも容易に統計調査を行うことできると思われる。

坂井一成（神戸大学）

　神戸大学国際文化学部では，2014年度前期と2015年度前期に「国際文化特殊講義（アジア共同体論）」を開講した。本学部の教員に加え，国内と海外の専門家を講師に加えてのリレー講義とし，海外講師の授業は英語で行った（期末試験も英語で出題・解答）。地域統合の先駆例はEU（欧州連合）であり，本講義ではEUでの知見・経験のなかでどの点がアジアにも適応が可能で，同時にアジア特有の事情として検討が必要になるのはどのような点かを明らかにすることに重きを置いた。そのため海外講師はヨーロッパ（フランス，イタリア，スペイン）の研究者で，アジアの国際政治に精通している研究者を迎えての講義というかたちをとった。

　本学部には日本，アジア，ヨーロッパ，アメリカという国・地域の社会・文化研究を専攻するコース，他方で思想や政治などの地域横断型の理論的テーマを専攻するコースがある。学生にとっては，各々の専攻する観点からの専門性の深化に加え，その視野を広げることにつながった。例えば，国・地域の社会・文化研究を専攻する学生にとっては，当該国・地域の視点に立つ講義はまさに自専攻の学びを深めるものとなり，これに対して理論的な講義ではその視野を広げることにつながるものとなった。実際，アジア共同体の可能性と課題を考察するに際しては，この双方の視点からの検討が必要となるであろう。

　また，後半の時期に実施したエッセイコンテストでは，いずれも力作が集まり，これもまた学生の理解の深まりと視野の広がりを促す好機となった。受賞して奨学金を得た学生の多くは，その後アジアやヨーロッパ地域に留学しており，教育面で重要な効果があったと考えている。

朱建榮（東洋学園大学）

　数年前から，日本のいくつかの大学でワンアジア財団が助成するアジア共同体講座で講師を務めていた。2015年春から，本学でも講座が開設され，2016年で2年目になっている。とくに自ら主催する本学の講座を通じて，このプロ

ジェクトに込められた大きな意義と深遠な影響を強く感じた。

アジア共同体講座は，日本をはじめ，アジアおよびその他の地域の大学で「アジア共同体」に関する知識を普及し，それに対する関心と共通意識を喚起する，まさに時代の変化と流れにマッチした講座であると考えている。今日の世界はネットの時代に入り，若い世代は瞬時に洪水のような情報を入手できる反面，断片的な情報やセンセーショナルな話に流される落とし穴に陥りがちで，大局観や全般的な流れを見失う危険性を常に抱えている。とくに我々がいる東アジア地域では，歴史の怨念に加えて，冷戦以後の国際情勢の変化，領土・宗教・民族などをめぐる紛争の激化で，各国の民衆とりわけ若者は，自国のナショナリズムから抜け出せず，ようやく培われてきた脆弱な協力基盤を大事にすべきだとの意識が育たず，将来に向かう共通の夢を作ろう，ということを学習し討論する機会が減っている。その意味で，ワンアジア財団が助成するこの講座シリーズが，情報化時代の不足する一面を補い，未来のアジアの担い手である若い世代の視野を開かせ，理念と夢を提供する意義は大きい。多くの若者は，アジアの協力・相互依存関係という「龍」の体に無意識的に接しているが，「アジア共同体」講座を通じて若者に協力・相互依存関係への自覚と方向性をもたせ，いわば「画龍点睛」の役割をはたしたと自分は理解している。

他大学の同講座も，それぞれ工夫が加えられ，ユニークさを出していると感じている。これから，世界各地の同講座担当者が一段と切磋琢磨して，「アジア共同体」の意識をより一層確実に効果的に高めていくよう期待している。

王暁徳 （福建師範大学）

福建師範大学は 1 世紀に及ぶ歴史を誇る。福建をはじめ中国南東沿岸部で高い学術的評価を得ており，社会的なエリート層ならびに各種業界での俊英を多数育成している。2014 年にワンアジア財団から資金助成を得て講義プロジェクトを実施する栄誉を受け，ワンアジア財団理事長である佐藤洋治氏を含め日本やアメリカ，中国の主要大学から 15 名の講師を招いて講義をしていただい

た。この 15 名の講義により学生たちはアジア共同体の意義とその重要性について、より深く理解することができた。アジア諸国はアジア諸文明間の対話を積極的に推進すべきであり，文明間の障壁を取り除き，各地域や文化がお互いから学びあえるようにすべきであると，学生たちが認識するようになった。同時に，学生たちは映画や出版物，芸術，スポーツ，その他の現代的なコミュニケーション手段を積極的に活用し，文化の相互交流を拡大すべきである。とくに若い学生たちは強い責任感をもち，今まで以上に強い使命感を抱くべきである。

　現在のところ，我々は 2016 年のアジア共同体講座の準備に取り組んでいる。これはこのプロジェクトの第二段階である。今後の共同プロジェクトではアジア共同体という概念をさらに広く深く発信することを計画している。大学生には中国ならびにアジア社会を深く探索し，地元の人々とコミュニケーションをとることを奨励したい。文化比較というプロセスのなかで，文化的な概念や価値観の類似性と共通性を見出してもらいたい。そこからアジアという概念とアジアの共通意識を形成してもらしたい。

王勇萍（安徽大学）

　学生たちはアジア共同体講座を通じて，国際的視野を広めたと同時にアジアの国々を理解する意識も芽生えた。講座と講演を通じて，学生たちは世界の未来を担う若者としての自覚と意識が一層強まった。今後，アジア共同体講座のほか，アジア研究および著書の翻訳を通じた文化交流の促進などにも力を入れ，より多くの教育研究者らが知識を生かせる場の提供を期待する。

宋義敏（モンゴル国立教育大学）

　現代社会はその変化が激しいため，モンゴルの若者は，これからももっと相互協力や共同体に対する意識を高めていかなければならない。今日のモンゴルは，アジア共同体の一員としての意識変革とアジア共同体に対する認識向上を求められている。したがって，モンゴルの大学生に「ワンアジア」の概念やそ

の登場の背景，そして歴史的経緯を理解させる必要がある。また，彼らにアジアの文化とアジアが抱えている課題も理解させる必要があるとみている。そのため，我々は「アジア共同体論」という講座を開設した。この講座の特徴であるオムニバス授業方式はモンゴルでは新しいもので，学生たちもとても興味をもちつつある。とくに外国から招待されている教授の講義に関心を抱いている。このようなことは，地理的に中国とロシアという両大国にはさまれているが，まだモンゴル人の心に遊牧民の広い包容力ある思考が残っていることを意味する。こうした包容力は，私たちが目指しているアジア共同体を形成することに役立つと期待している。

　そのため，今後，モンゴルの未来を導いていく大学生はアジア共同体講座を通して，モンゴルもアジア共同体の一員としてどのような役割をはたさなければならないのかを考えられるし，その意味では，アジア共同体講座はモンゴル人大学生の意識向上と価値観形成に多大な貢献をするものだと信じている。

エコ・カヒョノ（ダルマ・プルサダ大学）

　当初，ワンアジアとしての一体性という考えは私にとって滑稽なものであった。というのも，アジアの内部には数多くの違いがあるからだ。アジアの諸国は過去に辛い経験をしてきたし，人々は今でもそのときのつらい感情を忘れていない。

　しかしながら，2013年と2014年にワンアジア財団の講義を実施したことで，アジアの一体性は確かに存在すると認めるようになった。なぜなら，そのほとんどがアジア各地からやって来ていた講師たち全員が「アジアの人々は皆，平和に暮らすことを望んでいる」という考えを共有していたからだ。彼らのうち，憎しみについて語る者はいなかった。誰も衝突を起こそうとはしていなかった。講師たちは皆，すべての民族とともに平和に生きていこうとしていた。彼らの話を聞いて，すべての人間に共通した目的があることを理解した。さらにいうと，とくに佐藤洋治氏の講義を受けたことによって，人間は自我の周りに

築いた壁を打ち破ることができるのだと教えられた。

　私は，アジアの人々のあいだに一体感を生み出すためには，お互いに相手の
ことを家族の一員とみなし，信頼しなければならないと思った。すなわち，連
帯感を生み出すうえで最も重要なのは，信頼である，と結論づけた。

李育民（湖南師範大学）

　私たちは，歴史的視点からアプローチする講座を開講した。各講師は，近代
の条約関係，朝貢体系とアジアの伝統的な国際秩序，古代の中国西洋文化交流，
東南アジア 3 カ国の教会医療事業，東南アジア 3 カ国の歴史観，大アジア主義，
近代の国際条約とアジア共同体との関係，東方文明の西方伝播とヨーロッパ啓
蒙運動，世界経済危機と近代アジア社会経済等の問題，などについて述べた。
この講座により歴史的教訓が生かされ，アジア共同体の確立のための有益な啓
発活動が行われることを願っている。

　歴史を振りかえると，私たちはアジア各国が世界に向けて異なる道を歩み，
そのことが不幸や災難をもたらしたことを知っている。また一方で，同じアジ
アという大陸にある各国は，共通の利益と共同の運命をもち，手を携えてとも
に未来を作るべきだと感じている。歴史は，過去，現在，未来をつなぐ重要な
絆であり，歴史におけるアジアとその世界との関係は，単に過去の遺物となっ
ただけではなく，現在と未来の発展に対して重要な影響をもつ。そのため，ア
ジアの未来を創造するには，歴史を省み，協力しながら win-win 関係を核心と
する新しい国際関係の確立を共同推進し，ともに世界平和を守り，共同発展を
促進する必要がある。これらのことは研究課題としても大きな意義を有する。
そして，多大な関心が注がれ，注目されるべきものであることは疑いの余地が
ない。これは人類の歴史における大きな流れであり，アジア各国の人民がとも
に努力すべきことで，必ずやアジア共同体は完成し，人類の共同体へと進展す
るであろう。

金山（海南大学）

　ワンアジア財団の助成を受け，私は 2014 年 3 月から海南大学にアジア共同体講座を開設した。

　聴講者が最も多かった 2015 年は，正式に受講登録した学生だけでも 147 名に達し，毎年の講座は常に 200 名以上の学生が聴講している。その主な理由として，以下の 3 点があると考える。

(1)　内容が豊富。オムニバス形式で進めるので，本カリキュラムと学内のその他のカリキュラムとは完全に異なる。毎回，招聘する講師はそれぞれ異なる学術背景があり，講義内容も異なる。結果からみれば，学生は同じカリキュラムのなかで，言語学，社会学，政治学，民俗学，歴史学，教育学などの全く異なる領域の内容を聴くことができ，きわめて大きく視野が広がる。

(2)　レベルが高い。招聘した専門家はいずれも国内外の一流学者であり，多くが独自の見解や最前線の学術成果をそなえている。そのため，学生は同じカリキュラムを通じて多くの一流学者の研究成果を聴講することができる。こうした高レベルの講座はこれまでには稀であった。

(3)　学生が寛容の心を養うことができる。本講座は多様な文化共生をテーマとしており，講座担当者は毎年それを中心に講座内容を編成するので，学生の異文化に対する把握と理解を大きく強化し，彼らの異文化に対する寛容な姿勢を養い，そして自分と異なる人や物事をさらに受け入れられるようになる。

　いずれにしろ，財団の大きな援助と専門家の皆様の積極的な協力のもと，海南大学の講座は順調に 3 年間実施されてきた。本講座は今後のアジア共同体の実現に向けて，しっかりした実践者と支持者を養成できると信じている。

遅国泰（大連理工大学）

一連の講座を通じて，歴史・文化・教育などの側面から「アジア共同体」を

紹介してきた。例えば，アジア共同体を背景とした「経済協力の金融リスク」，「アジア共同体の発展史」，また「アジア共同体の文化的障壁」などを研究してきた。これらは，学生たちに自らの専門だけではなく，より広い背景から思考することを指導するという点で，我々にとっても初めての試みである。講座を受講した学生の5分の3以上が，「アジア共同体」の発展に参加することへの興味と責任を感じている。学生たちは，授業を通してアジア共同体をよりよく理解できるようになり，将来海外で仕事に従事する際にも必ずメリットがあるであろうと講義では述べている。

　我々は大学教授として，中国の学生たちがワンアジア財団の助成するさまざまな分野の講座を高く評価していると，強く感じている。これまで彼らには体系的に知識を得る機会がなかった。私個人としても，ワンアジア財団のこれまでの支援と活動に対して大変に感謝している。ワンアジア財団は，他の著名な研究者との交流や財団の理念を広める多くの機会を提供してくれる。ワンアジア財団から支援を受けられて私は幸運である。このような支援を通して，将来も協力関係を継続できることを願っている。

琴喜淵（ソウル市立大学）

　ソウル市立大学では2014年，専攻や学年を問わずすべての学生たちを対象とした「アジア共同体論」という科目を開設した。科目を開設する際には大きな期待と希望があったと同時に不安も少々あった。なぜならば，互いに異なる知識や理解，興味の水準をもった学生たちに，はたしてアジア諸国の和合と協力，そして平和と共同繁栄に向けた新しい共同体を形成することが重要であるとどれほど教えることができるかという懸念があったからである。

　「アジア共同体論」の科目が開設されたここ3年間で，合計540名のさまざまな専攻の学部学生たちが受講し，合計45回の講義が国内外の著名な学者や外交官，そして専門家たちによって行われた。ソウル市立大学では，学期ごとに受講生たちは科目全般に対する満足度を示す「授業評価」に参加するように

なっている。過去 2 回の授業評価では，平均 4.6／5.0 という授業評価指数を示すほどの高い満足度と評価を受けた。そして本校の全体講義中，上位 10％に及ぶほど学生たちのあいだで人気が高い講義として知られており，毎年この科目に対する人気や関心がより高まっている状況である。

「アジア共同体論」は単なる教養科目のひとつではなく，学生たちに数世紀ものあいだ続いたアジア人の歴史や，意識のなかで存在している価値や伝統の重要性を教えることができる貴重なチャンスである。その一方では絶えず会話し，交流し，コミュニケーションすることによって不信や反目の壁をなくすことのできる方案について討論するひとつの「場（filed）」でもある。学生たちだけではなく，アジア人皆が相互理解し，尊重しあい，ひいては平和に共存共栄する「ひとつのアジア」「ひとつのアジアファミリー（One Family）」として生まれ変わることができるよう，小さいが重要な夢と希望に向かって踏み出す，初めの　歩でもある。

涂険峰，程芸（武漢大学）

2014 年以降，ワンアジア財団から資金提供を受けてきたことを光栄に思っています。武漢大学では，「言語，文学および文化の観点からのアジア共同体に関する省察」と題する一連の講座が，将来を見据えた助成の下，開始されている。

従来の課程では触れることがほとんどなかったトピックについて，幾多の新たな領域が学生たちに紹介されているだけでなく，アジア共同体に対する学生たちの理解を広範囲に高めている点からもこの助成講座は好評を得ている。

現在，一連の講義が 2 巡目に入り，今後さらに進展していくことを期待している。当校の数多くの学生が，こうした学術的革新に影響を受け，従来からの慣習的な「中国的」思考を，さらに概観的で普遍的な「アジア」および「グローバル」的なものに徐々に発展させている。同時に，彼らの視野が広がったことに伴い，国，社会，文化の進展に関する課題や問題を再考するようになってい

る現状を大変嬉しく思っている。我々教員および大学職員一同，こうした建設的な改革に満足を覚え，勇気づけられている。

許南麟（ブリティッシュ・コロンビア大学）

ブリティッシュ・コロンビア大学は，現在初年度（2015年9月〜2016年6月）の「ワンアジア」プログラムを実施している。具体的には，学部生向けの講義の提供，一連の「ワンアジア」フォーラムの開催のほか，「ワンアジア」に関するカンファレンスが開かれる予定である。学部生を対象とした授業と学術イベントでは，前近代の東アジアにおける国際的な交流に焦点を当てている。ご存じのとおり，前近代東アジアの国際関係には多くの側面と層位があり，横断的なものであった。東アジアの国々や人々がこれまでどのように交流してきたかを理解しなければ，「ワンアジア」がどのようにしてお互いを尊敬し，認めあうための思想として結実するかを想像することは困難であろう。

本講義を履修した学生たちは，西洋の政治的現実主義理論に根づいた認証，冊封体制という既存のパラダイムに代表される旧来の理解の枠組みに対して異議を唱えるとともに，独自のグローバルな視座を考えつくよう促された。

一連の「ワンアジア」フォーラムは，相互理解，平和と繁栄，相互利益の促進，そして友情関係といった点で，どのようにしてワンアジアというビジョンを実現しうるかについて検討するとともに，そのビジョンが衝突，敵対関係，そして戦争によっていかに容易に瓦解しうるのかを知るうえで，成功した試みとしても認知されている。このように，ブリティッシュ・コロンビア大学では，ワンアジア財団によって提供された学習と議論の機会が意義あるものと大いに実感されている。

具教泰（啓明大学）

啓明大学では2年間，「アジア共同体とメディア」をテーマに講座を行っている。メディアのなかでもとくにマスコミを通じて現実を再構成することは，

アジア共同体に関するネガティブな思考から抜け出す出発点となる。そこで，啓明大学の「アジア共同体とメディア」の講座では，アジアの人々と国々に関する旧来のステレオタイプを打ち破るとともに，アジア共同体の形成に向けた協力関係を促進するような有益なメディア・コンテンツを作成することを，履修学生たちに求めてきた。彼らが作成した 18 のコンテンツは，本学部のウェブサイト（www.mediainu.com）で世界に向けて公開されることになっている。

韓相玉（朝鮮大学）

アジア共同体プログラム開設はアジア共同体への持続的な関心の礎になったと思う。アジア共同体形成に疑問を投げかける人々もいるが，大きなテーマに向かって活動するワンアジア財団の情熱，そして大学教授の知識の集積とネットワークの拡大，これに加えてアジア共同体講座に参加した多くの学生が今後各国の未来を担う主役に成長していくことが，相乗的な効果を発揮し，不可能にみえた理想がいつか大きな成果をもたらすことができるのではないかと考えている。

周異夫（吉林大学）

「アジア共同体」というタイトルの研究と講義であるから，かつての「アジア主義」などの考えとは違い，ヨーロッパの経済共同体または EU，ASEAN のような地域共同体をスケールアップしたアジア諸国の協力体制の研究が中心であろうと考えていた。しかし，佐藤洋治理事長の講義「やがて世界は 1 つになる」のタイトルをみたとき，多少意外性を感じたというより，ドキッとした大きな感動を覚えた。講義内容は，国や地域を超えた，流行語でいうと「地球村」の共生のために人材を育成することを念頭に置いたものであると思えた。私たちは，日本語専攻であれば日本語と日本についての知識，スペイン語専攻であればスペイン語とスペイン語諸国についての知識を中心に教育を行っている。これに対して，学習する言語以外の国々の知識も必要であるという「真の外国

210

語」教育の理念は，アジア共同体講座の理念と一致していたのである。

結局，この地域学の一科目として設置されたアジア共同体講座には，言語学，文学，文化，歴史，美術，経済，地域問題，外交官や通訳者として知るべき常識，学習法，一般教養など多彩な内容が盛り込まれ，人材育成の新しい試みとなった。その意味においても，「アジア共同体」研究と講座が開設された 2015 年は，吉林大学外国語学院の地域学コースの記念すべき年となったのである。

張文生（内蒙古師範大学）

2014 年 9 月から，ワンアジア財団の助成を受け，「アジア共同体と東アジア国際関係史」というテーマの講座シリーズを，内モンゴル師範大学歴史文化学院の大学 3 年生と院生 1 年生の選択科目として開設した。「アジア共同体と東アジア国際関係史」講座シリーズ開設から 2 年，国内外の 20 名の専門家と教授が，すでに 30 回，すなわち 120 時間の授業を行っている。授業を受けた在籍学生は約 260 名，傍聴する学生もたくさんいた。

「アジア共同体と東アジア国際関係史」シリーズの講座開設により，多くの学生たちが国内外専門家と教授のすばらしい授業を受け，彼らの優れた人柄にも触れることができた。これによってたくさんの学生たちが自分の視野と知識を広めた。最も重要な点は彼らがアジア共同体の理念に普遍的な深い理解を得たということである。

康上賢淑（鹿児島国際大学）

2014 年度，私の担当したアジア経済論の受講生は 42 名で，中国経済論の受講生は 24 名しかいなかったが，2016 年にはそれぞれ 110 名と 66 名に増加した。アジアへの関心が高まっているのである。

鹿児島国際大学では，今まで大学内の教員による講義がほとんどであったが，2015 年度はワンアジア財団助成講座のおかげで，初めて大量の外国人講師による講義が行われ，学生たちにとって新鮮であっただけではなく，彼らの視野

第 3 章 アジア共同体講座 211

と行動範囲を広げた。

ヤセル・ジャワド，エコ・ハディ・スジノオ（マカッサル国立大学）

　マカッサル国立大学は，2014／2015年度と2015／2016年度にワンアジア財団から助成を受け，講義シリーズを実施した。このシリーズでの講義の目的は，アジア共同体の形成についてさまざまな視座から学生たちに教授することにある。学生たちには，ワンアジアという考えについて多様な視座を学ぶことによって，研究に対してより興味をもち，学位取得に向けて研究に励むことが期待される。また，アジア諸国を訪れる前に，それらの国の文化に関する基礎知識を身につけるのも望ましいであろう。委員会では，学生に対してこの講義シリーズについて広く周知するために，大学のウェブサイトや学部を通じて情報を拡散するとともに，FacebookやTwitterなどのソーシャル・メディアも活用している。

　ワンアジアという考えは学生にとって比較的目新しいものであることから，講義に関してポジティブなフィードバックが得られた。さまざまな学部に所属する多数の学生が，オンライン上の登録システムを利用して講義を履修した。講師は，マレーシア，日本，イギリス，そしてもちろんインドネシア国内からも招かれた。各々の講師の経験をふまえて設定された講義のテーマは，言語学，社会と文化，技術，環境，パートナーシップ，そして教育と多岐にわたった。講義に参加した学生たちは，ワンアジアというテーマについてさまざまな視座から行われた議論に非常に興味深く耳を傾けていた。

水羽信男（広島大学）

　講義の組み立てにあたって，まず総合大学の教員として，私が学生たちに提供したいと考えたのは，①総合科学部の教員だけではなく，文学部・教育学部の教員にも協力を求め，アジア諸地域を多角的に論じること，②歴史学，文学，地域研究などさまざまなディシプリンに基づく研究者の講義を用意し，学生に

212

学際研究への関心をもってもらうこと，③海外の研究者のいわば「外から」の視点に基づく講義を直接受講し，国際的な視野を身につける第一歩とすること，の３点だった。こうした部局を超え，さらには海外の研究者を招聘した講義は，管見の限り，これまで広島大学で実施したことがなく，大きなチャレンジとなった。

　具体的には中国や東南アジア諸国の歴史と現状を取りあげるだけでなく，日本はアジアなのかという問題や，ラテンアメリカは「西洋」なのか，さてはイラクはアジアなのか等々の問題にも，講義を通じて切り込んだ。また日中戦争に対する台湾からの視点，中国朝鮮族の研究者の視点，あるいはアメリカの対アジア政策の特質の検討などは，多くの学生にとって初めて触れる議論だったようだ。総じて学生はオムニバスの構成に満足してくれ，毎回，熱心に講義を聞き，またレポートにも真摯に取り組んだ。私たちは，大きな学習効果をあげることができたと確信している。

　教員の側からいっても，ともすれば部局の壁に阻まれ，同じ研究のフィールドや，同様のディスプリンに基づく研究者であっても，学問的な交流をすることが困難な今日の大学の知的環境のなかで，講座開設前のミーティングや，出版計画の推進等のなかで，学際的な刺激を与えあうことができた。その意味でも，今回の講座開設は大きな意味をもっていたと感じている。

朴盛彬（亜洲大学）

　ワンアジア財団の助成を受けて，アジア共同体論を開設したことにより，さまざまな面において，効果があった。まず，教育の面において，国内外を代表する研究者・実務家などを講演者として招待したことにより，質の高い教育プログラムを提供することができた。講演者の専門分野は，政治学，経済学，歴史学，社会学などさまざまな分野にわたっており，講演の主題となるアジア地域も，日本，韓国，中国，ロシア，中央アジア，東南アジアなど，多様性を確保した。通常の講義では，ひとりの研究者がもっている専門分野の限界により，

さまざまな地域を対象とする学際的教育プログラムを提供することは困難である。この授業を通じて，受講生は，アジア諸国に関する理解を深め，ひいては，アジア共同体という主題について，それぞれの意見をもつにいたった。

　さらに，このプログラムの成果は単純に教育面に限られるのではなく，研究の面において少なからぬ効果を得ることができた。さまざまな国からさまざまな専門分野の研究者・実務家を招待することにより，アジア地域を中心とした研究者のネットワークを構築することができた。本校では，2015 年 2 学期に，アジア共同体論と連携して，日本政策研究センター主催の日韓国交正常化記念国際カンファレンス（後援：在韓国日本大使館，ソウル新聞，ワンアジア財団）を開催したが，新聞等において大きく取りあげられるなど，多くの反響を呼んだ。今後も，国際学部と日本政策研究センターは，相互に連携して，教育と研究の両面において成果を最大化していくことが期待される。

　今は情報化・グローバル化が進展しており，韓国においてもアジア諸国に関する情報を得ることはさほど難しいことではないとされるが，それにもかかわらず，依然として，アジア諸国間において相互理解を図ることは，簡単ではない。ワンアジア財団の活動により，アジア諸国間の相互理解が一段と深まっていくものと強く信じている。ワンアジア財団の趣旨に賛同する大学が増えていくことにより，いつかは，アジア地域に平和・共同繁栄の時代がやってくるのではないか。私も，微力ながらも，アジア共同体に関する教育・研究の両面において，貢献していきたい。

姜允玉（明知大学）

　東アジア共同体に関する全般的な認識について，韓国の大学生（江陵のカトリック関東大学校とソウルの明知大学）を対象に調査が行われた。この調査の結果から，ソウルと地方都市，男子学生と女子学生，兵役に行ったかどうかで，アジア共同体に関連する問題の認識にわずかな違いがあることが分かった。学生たちが，彼ら自身に関するあらゆる問題（就職やビジネス）は国際社会の変

化と発展と関係しているのだと認識できるように，議論とプログラムの意義を
強調していくことが重要である。

湯勤福（上海師範大学）

　2015 年にアジア共同体講座を本校で初めて開講し，そして無事に閉じるこ
とができた。この経験から，講座が成功した理由は以下のようにまとめられ
よう。

(1)　積極的な宣伝が必要である。講座開講前に，講師およびテーマを紹介
　　したポスターを掲示した。また，授業や会議などの場を利用して，アジ
　　ア諸国民の相互理解，経済・文化交流，ともに発展するという理念につい
　　て話をした。その結果，講座の登録学生数は 138 名となり，初の講座開
　　講は成功した。

(2)　熟慮してテーマを選ぶことや，全体の内容を調整することが講座の水準
　　を高める方法である。初めに講座の趣旨を考え，1 学期のあいだに政治，
　　経済，学術思想，諸国交流など各方面の内容をできるだけ時代区分に沿っ
　　て講義することができた。例えば，経済の面では，「6〜10 世紀の東亜の
　　農業と商業交流について」，「10〜13 世紀における中国海商たちと東亜の
　　経済交流」および「当代東亜の金融制度の比較」という 3 つの講座を通
　　して，古代，中世，当代の東亜の経済交流を振りかえり，諸国の相違点と
　　共通点を抽出することができたのである。講座開講中に，講師による検討
　　会と学生座談会を 2 回ずつ開き，また，各方面の意見を参照し必要に応
　　じて調整と反省を行ったため，講座は一層すばらしいものとなった。

(3)　各専門分野でトップクラスの学者を招聘することは，講座の影響力を
　　一層拡大させる主因である。周到な事前準備と密接な連絡を取り合うこ
　　とで中国国内と海外から 15 名の高名な学者を招聘することができた。予
　　算が不足する恐れがあるときには，他の経費を流用してもまず国際的に
　　トップクラスの学者の招聘を優先した。上海市中心地で広告を出すと，大

第 3 章　アジア共同体講座　215

勢の社会人が殺到し，かなり高い社会的影響を及ぼした。

（4）　ルールに基づき学生の学習態度と成績を詳細に評価することは，学生
たちの積極性を高める。毎回の講義に，出席名簿をもつ出席確認の幹部
を派遣し，学生自身に出席のサインをさせた。毎回の宿題•課題論文をふ
たりの教師が評価した。奨学金授与者の決定については学生たちの同意
を得た。また，学習成果が顕著な学生が大勢であったため，本講座以外
の経費を利用し，財団の奨学金を受けなかった勉学熱心な受講者に本校
講座組織者の名前を採った「湯先生賞」を授与した。

つまり，積極的な宣伝，熟慮したテーマ，すばらしい講師，公平に選出した
奨学生という４つの要素は，本校での１回目のアジア共同体講座コースを円滑
に大成功に導き，次期の講座成功への基盤を築いた。

張淑英（大連民族大学）

大連民族大学における 21 回の助成講座を通じて，ワンアジア財団が精力的
に行っている「助成講座」をはじめとするさまざまな活動は，現代におけるア
ジア諸国間のさまざまな問題に対処する最も有効な打開策であると実感して
いる。

本学では，アジアの未来を背負う若者に対して，アジア共同体創成の基礎・
基盤であるアジア共同体意識を芽生えさせることを目的とし，本学教員のみな
らず，主要国の研究者を招聘し，受講生に多岐にわたるアジアの共通点や，政
治的・宗教的・文化的な相違点に着目させている。また，歴史認識と領土問題
に根ざした不信感を乗り越える方法と可能性を模索させ，相互理解，相互尊重，
共存共栄といった意識の重要性を訴えてきた。

財団の助成講座原則である「オムニバス方式」の採用や講義ごとに異なる研
究者が講義すること，単位認定も本講座の魅力でもあった。

このようなかつてない斬新な講座により，大連民族大学の受講生たちは「ア
ジア共同体創成」についてもっと学びたい，自分たちに何ができるのか，どう

すればいいのかを考えるようになった。

梅家玲（国立台湾大学）

国立台湾大学では 2015 年の春期から，ワンアジア財団の助成を受けて一般教育の講座である「ワンアジア―東アジアの文学と文化―」を開講した。現在，この講座は 2 年目を迎えている。人文学と文学に関するこの講座のカリキュラムでは，主軸として「東アジア」に着目し，相互理解と交流を促すことを目的としてさまざまな国の文学と文化を紹介している。さらに，このカリキュラムでは「理解」と「交流」のプロセスを経て融合と統合が生じることや，そうしたプロセスの結果により文化的革新がもたらされることを強調している。私たちの考える「ワンアジア」の最終的な目標とは，相互的な理解と敬意をもって取り組むなかで，私たちが同時にそして共同してアジアの各地にみられるさまざまな特徴をひとつに統合する文学や文化を発展させ，それらを世界中に広めるということである。

「ワンアジア―東アジアの文学と文化―」講座への助成に対し，ワンアジア財団に感謝申し上げたい。このカリキュラムで学んだことによって，本学の学生の世界観と人生の展望は広がり，そしてその経験は，彼らのこれからの人生にとってかけがえのない財産となることであろう。

潘碧華（マラヤ大学）

マラヤ大学では，ワンアジア財団による助成講座をマラヤ大学中国語学科およびマラヤ大学マレーシア華人研究センターが共同で 2015 年に開講した。活動全体は 1 学期（3 月から 7 月）を通じて行い，国内外の著名な学者計 14 名を招き，マラヤ大学で学術交流を行った。プロジェクトそのものは，6 月 27 日と 28 日に行う「アジア文学と文化国際学術シンポジウム」をもって終了した。講座では国内外の各分野にわたる多くの著名な学者が講演を引き受けた。15 回のシリーズ講座と 1 回のシンポジウムを通じ，私たちはアジア共同体と国際文

化交流という世の中であまり注目されていない議題を再認識することができた。

2016 年，マラヤ大学マレーシア華人研究センターと中国語学科はワンアジア財団の 2 年目の助成を受け，第 2 期「アジア文化伝播」シリーズの講座を開催する。国内外の学者および作家をマラヤ大学での講演に招き，1 年間計 15 回の講義を行う。2 年目となる講座においてもさらに多くの皆様がアジア文化を理解できるよう願っている。

康成文（ハルビン商業大学）

相互理解は「異文化理解と交流」ならびに「多様性と共生」を基にするものであり，これらの融合体として「共同体」が成り立つ。多民族・多言語・多文化・多宗教・多制度に象徴されるアジアにとって，アジア事情理解とアジア共同体創成への寄与を目的とするワンアジア財団の助成講座・「アジア共同体講座」は，域内国々・地域間の相互理解，とくにアジアの未来の担い手である若い世代間の相互理解の拡大・深化および「アジア共同体」というビジョンを共有するための不可欠なプロセスであり，アジア共同体創成のための重要な礎である。

姜龍範（天津外国語大学）

2015 年 9 月より，ワンアジア財団の助成により，天津外国語大学でアジア共同体講座が開設され，中国，日本，韓国などの学者を招聘し，国際情勢についてハイレベルでアカデミックな交流を実現できた。講座の開設は 1 年未満だが，いくつかの変化について述べたい。

まず，講座を開設することにより，大学生に国際事情を理解する新たな舞台を提供できた。天津外大は国際政治学科を含め，37 科目を設置しており，そのうち外国語専門は 16 ある。異文化交流能力，また外国語と専門をともに把握できる複合的な能力こそ，未来の人材育成の方向だと確信し，それを目指して力を尽くしている。アジア共同体講座を通して，国際政治学科，日本語学科，韓国語学科，ロシア語学科など，異なる専門の大学生をひとつの学術ホールに

集め，多様化したアジアの事情に深く触れることができた。それは，20歳の大学生にとって，人生の大切な宝物となるであろう。

　第二に，講座を開設することにより，アジア地域の国際政治学者の交流舞台が提供された。英語は世界言語として広く使用されているが，いつでもアジア地域で通用するわけではない。例えば，東北アジア地域には，中国語，日本語，韓国語，ロシア語などがあり，いずれも英語を母語として使っていない人々が話している。天津外大は東北アジア地域の国際政治学者にハイレベルの同時通訳を提供すると同時に，外国語に精通する国際政治学者も多数在籍しており，効率的，効果的な学術交流を達成する舞台となりうる。

　最後に，講座を開設することにより，「アジア共同体意識」を拡大することができた。天津外大を例とすれば，1万名ほどの学生が「アジア共同体意識」を知ることにより，彼らが10名ほどの親友にその理念を伝えれば，10万名という数となる。中国ではすでに74大学（2016年4月現在）で講座が開設するといわれ，それは740万名の中国人に「アジア共同体意識」を伝えることになる。もし41カ国，234大学（2016年4月現在）という数で加算すれば，2300万名の人々が「アジア共同体意識」を共有するようになるだろう。インターネットなどの情報伝達手段を考えるならば，実際に影響を受ける人数は遥か4000万名を超えると考えられる。

李強（天津外国語大学）

　アジア共同体講座の一連の講義を受けたことで，学生たちの視野は広がり，学術的能力が向上し，より成長した。彼らは講義が終わるたびに講師のところにやって来て，中国・日本・韓国のあいだの関係，北東アジアの将来，そして統合の可能性と課題についてなど，さまざまな質問を投げかけた。歴史の本質を分析し，世界の現状について研究し，北東アジアの将来について考えるという学習システムで教育を受けている彼らにとって，アジア共同体講座は行く先を導いてくれる灯台のようなものだ。アジア共同体講座は学生たちに種をまく

なかで，彼らに潜在的な可能性をもたらし，将来の計画を約束した。すべての学生が東南アジアの将来に貢献してくれることを願っている。

黎立仁（国立台中科技大学），曾宣榕（国立台中科技大学応用日本語学科 3 年生）

ワンアジア財団および当校の日本研究センターとの提携により，日本を中心とした東アジアにおける経済と安全保障事情，アジア全体の将来予測などの一連の講座が 2015 年の秋に初めて開催された。

受講することによって，アジアに関する基本的な知識を習得し，ワンアジア財団の理念をも理解できた。このような意味でワンアジア財団が助成するこの「オムニバス授業」は，大学在学中の若者である私たちにとって，有意義で大いに勉強になったと信じている。

張暁宇（北京林業大学）

ワンアジア財団が行っているアジア共同体についての事業が各国の大学の先生および学生たちから大きく評価されている。私の親戚や友達も，ワンアジア財団によるアジアの青少年教育とアジアの平和への貢献について聞くと全員驚いて感心した。

大学教員として，私は，若い世代によい協力環境の整備を推進させる責任を感じている。この環境整備はアジア共同体への貢献につながる。私は，若い世代が視野を広げ民間交流を増強しアジア地域の平和と発展を維持する使命をもつことにも義務をもっていると感じる。より多くの人が参加し夢をもてば，近い将来に真のアジア共同体が必ず実現すると信じている。

グレン・D・フック（シェフィールド大学）

ワンアジア財団の目的は，「アジア共同体の創成に寄与すること」にある。この目的は，共同体というものが時間と空間の両方の意味で，どのように存在しているかを明確に示している。時間軸に関しては，現在存在していない，未来

における共同体の設立に寄与することを財団は目的としている。すなわち，財団の使命は未来志向だということである。空間的には，「アジア」とは，国家の境界を超えて共有される，準グローバルなアイデンティティのことを指している。すなわち，財団の方向性は地域レベルで目標を達成すること，となる。

ワンアジア財団が行う助成は，相互に関連するさまざまな活動を通して，未来の地域共同体を設立していくという目標を実現するための取り組みであることを示している。とくに重要なのは，アジア内外において将来を担う若者を訓練する大学に助成されている点にある。

シェフィールド大学東アジア研究学科は，次世代におけるアジア理解の促進を目的としたグローバル・キャパシティ・ビルディングの可能性を強く信じている。とくに注目しているのが，北東アジア（中国・日本・南北朝鮮）と，東アジアとその他のアジア，および世界とその他の地域とのあいだの関係とダイナミクスについて，社会科学的な理解を深めることである。我々は，近い将来アジア共同体を構築する際に考えられるリスクと機会を明確にするうえで，教育・研究が重要であるという強い信念を，ワンアジア財団とともに共有している。

私たちは現在，研究範囲の時間軸を過去へと引き伸ばし，将来の目標達成を目指すことによって，過去が未来をかたちづくる一助となるにはどうすればいいのかと，財団とともに思案を続けている。活動の範囲をアジアから世界へと広げることによって，私たちと財団は，アジアと世界の相互交流の在り方を構築し直すための取り組みを共有している。「過去よりも将来のほうが世界はより良くなるのだ」という展望に導かれながら，私たちは社会科学の手法を用いつつ，「どのようにすればアジア共同体が形成できるのか？」を問いかけている。そうすることで，アジア内外の他の研究者や学生が一体となり，これまで6年以上にわたり重ねてきた努力を価値あるものにするとともに，アジア共同体の創成に寄与するという私たちのビジョンを共有することができるだろう。

5 アジア共同体講座関連資料

アジア共同体講座関連の各種データを掲載する。

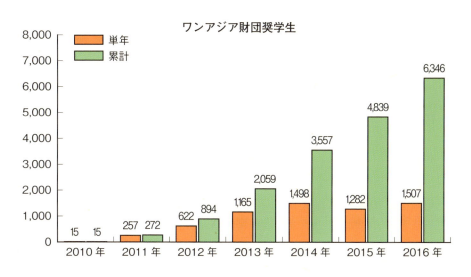

第３章 アジア共同体講座

アジア共同体講座国・地域別常設大学数（2017年4月現在）

日本	17
韓国	32
中国	26
香港	2
台湾	5
タイ	1
ベトナム	3
カンボジア	2
インドネシア	4
マレーシア	2
キルギス	4
カザフスタン	1
モンゴル	1
ラオス	1
アメリカ	1
ロシア	1
合計	103

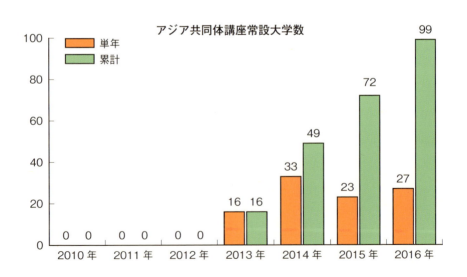

助成講座国・地域別開設大学数（2017 年 4 月現在）

国・地域	開設済	準備中	総数
日本	54	51	105
韓国	66	23	89
中国	89	30	119
香港	4	3	7
マカオ	0	1	1
台湾	10	8	18
北朝鮮	0	1	1
シンガポール	1	2	3
タイ	4	4	8
モンゴル	3	6	9
ベトナム	5	2	7
ミャンマー	0	4	4
ネパール	0	2	2
フィリピン	0	3	3
カンボジア	5	4	9
インドネシア	8	4	12
東ティモール	1	0	1
マレーシア	2	1	3
スリランカ	1	0	1
インド	0	4	4
パキスタン	0	1	1
バングラデシュ	1	1	2
ラオス	1	1	2
ブータン	0	1	1
キルギス	6	0	6
カザフスタン	3	2	5
トルクメニスタン	0	1	1
ウズベキスタン	0	2	2
タジキスタン	0	4	4
オーストラリア	2	1	3
アメリカ	3	4	7
カナダ	2	0	2
メキシコ	0	1	1
イギリス	1	2	3
フランス	0	2	2
アイルランド	1	0	1
イタリア	1	0	1
スペイン	1	0	1
オーストリア	1	0	1
ロシア	2	0	2
ウクライナ	1	0	1
ポーランド	1	1	2
ベラルーシ	0	1	1
リトアニア	1	0	1
トルコ	2	2	4
エジプト	0	1	1
コンゴ民主共和国	1	0	1
合計 （47 の国・地域）	284	181	465

※アジア共同体に関する講座を常設科目として決定している大学
は，16 の国・地域の 103 大学である。

第 3 章　アジア共同体講座　225

アジア共同体講座開講大学所在地

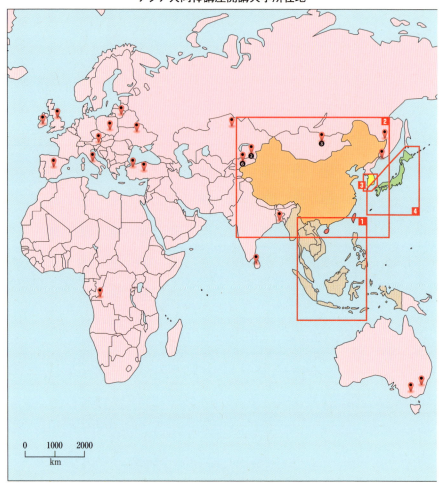

東南アジア，中国・台湾・香港，韓国，日本は別の図に掲載した。
丸囲み数字は同一地域で複数開催校がある場合の開講大学数を示す。

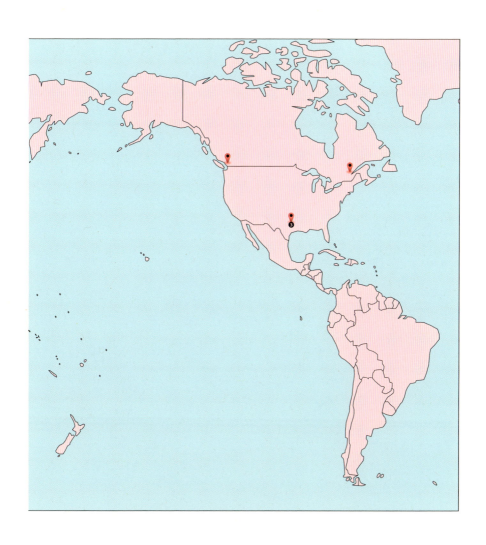

1 東南アジア

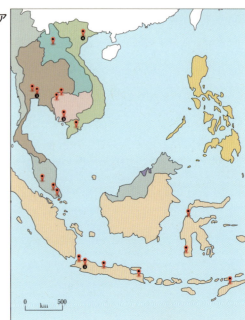

2 中国・台湾・香港

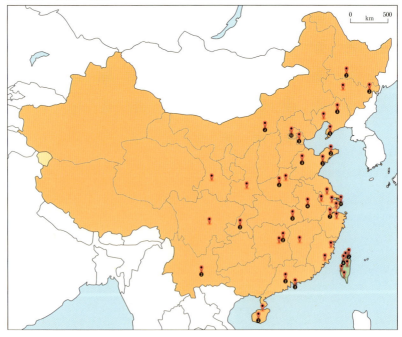

228

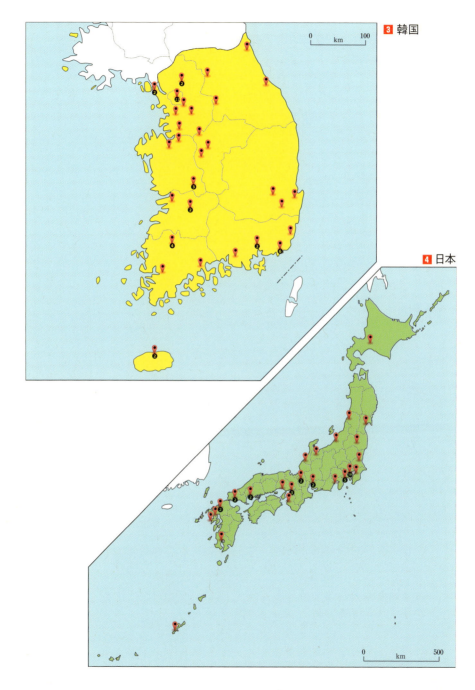

3 韓国

4 日本

第3章 アジア共同体講座 229

6 助成講座および奨学金関連書類

一般財団法人　ワンアジア財団

研究助成募集要項

<アジア共同体講座開設大学への助成>

募集を行う助成事業
アジア共同体講座開設大学への助成

募集期間
随時（原則として講座開設の3ヶ月前まで）

応募方法
必要事項を記入・署名または捺印した「講座開設助成金申請書」2部（1部コピー可）を郵便または宅配便にて、ワンアジア財団宛にお送り下さい。（締切日当日の持込はご遠慮下さい。）

【お問い合わせ・申込書送付先】
一般財団法人　ワンアジア財団
〒116-0013
東京都荒川区西日暮里2-22-1 ステーションプラザタワー405号
ＴＥＬ：03-5615-5500　　ＦＡＸ：03-5615-5501

<アジア共同体講座開設大学への助成>

(1) 対象

将来のアジア共同体の創成に向けた、アジア共同体に係わる学科・教科・講座を創設するアジア各地域の大学または学部。

助成対象は、大学が設置されている当該国の法律に基づき、正式に設立された4年制の大学および2年以上の修学年数を要する短期大学とします。

また、助成対象講座は、大学の規則に基づく正規の科目として認められ、かつ学期等一定の期間に一定の授業時間数（授業時間×コマ数）が確保されている講座とします。従って、大学における単位認定を原則とします。

(2) 助成金額、通貨および件数

助成金額は、審査基準に基づいて、当財団の選考委員会で審査の上決定します。助成金の通貨は、日本国内の大学は日本円(JPY)、日本国外の大学は(USD)での支給となります。また、助成申請件数が多数となる場合には、助成が次年度になる場合があります。

(3) 助成対象期間

助成を希望する講座の開始から最長1年。

なお、1年目の助成を受けた場合は、初年度の80%を助成金額の限度として、翌年（2年目）も助成申請をすることができます。

(4) 審査と評価

アジア共同体の創成に寄与することを審査の基準とし、共同体形成への寄与度、計画の具体性、将来性、助成金の使途妥当性などを中心に評価を行います。また、講座開設における独創性、国際性などを優先します。

助成金の使途

助成金は、全額を講座の開設・運営の経費として、申請書の「予算経費」欄の記載事項に沿って使用してください。また、申請者は、当財団所定の様式に従って、講座終了後1ヶ月以内に講座の助成結果報告を提出してください。

連絡担当者

講座について管理・運営する方を連絡担当者とし、その方を通じて応募してください。

審査方法等

選考委員会による審査を経て、理事会で決定します。審査の経過等はお知らせできませんので予めご了承ください。

決定通知

書面にてお知らせするほか、当財団ホームページ上にて発表します。

助成結果報告

講座終了後1ヶ月以内に提出してください。なお、翌年の助成を希望する場合は、前年度の助成結果報告をした上で、次年度の助成申請を行うことができます。

その他

・ 助成金の振込先は、大学所定の正式な金融機関の口座または大学が管理する付属機関所定の正式な金融機関の口座に限ります。日本国外の大学については、米ドル(USD)口座または米ドルを受取ることのできる銀行口座のみ指定が可能です。

・ 個人情報の取扱いと情報の公開について
応募書類に記入された個人情報については、法令および当財団の内部規程に則り、適切にお取扱い致します。なお、助成対象とした大学名、講座名、シラバス、講師名、実施期間については原則として公開し、当財団のホームページに掲載いたします。

※1. すべての提出書類は、日本語での作成を原則とします。
（作成書類が日本語以外の場合は、日本語又は英語の翻訳文を添付すること）

※2. 住所等の固有名詞については、ローマ字での併記をお願い致します。

※3. 今後、大学における講義内容をデータベース化することを計画しております。そのために、結果報告書と併せて全講義の記録（論文・写真・映像）のご提出をお願い致します。

(171RGJP-1)

2017年度 講座開設助成金申請書
（同年1月〜12月申請時に使用）

一般財団法人　ワンアジア財団　御中

1．申請者(代表者)　　　　　　　　　　　　　　　　　2017年　　　月　　　日

(ローマ字)	(印)　　　　年　　　月　　　日生
氏　　名	
所属	職名
(英訳)	
所在地	TEL(携帯)
(英訳)	TEL(研究室)
所属学会	E-mail:

2．開設講座名

3．助成申請実績（当財団から助成を受けた回数）

はじめて

4．経費

	総　額	旅　費 （交通費・宿泊費）	講師謝礼	印刷出版費	管理費	そ の 他
予　算	米国ドル	米国ドル	米国ドル	米国ドル	米国ドル	米国ドル
主な内訳						

5．大学基礎情報

大学名及び創立年度	
大学住所	
大学WEBサイト	http://
教員数	在学生総数（大学院を含む）
学部・学科数	
講座対象学部・学科	
受講対象学生数	受領日　2017年　　月　　日

第3章　アジア共同体講座　233

別紙(A)(171RG1JP−2)

講 座 の 概 要

講座開設の意義と目的
現在までの研究状況の概要
本年度の講座実施計画及び目標(講義内容、日程、担当者)シラバスを別紙添付
実施全体計画（年次計画及び目標を含む）

講座において使用される言語	特記事項 (複数言語を使用するなど)
講座実施期間(開講が予定されている曜日・時間を含む)	

※記入欄が不足の場合は、別紙を添付してください。

(171RG1JP-3)

講座担当者リスト

ふりがな 氏　名	所　属 研究機関名	職名及び 専門科目	経　　　歴 現在の主な研究	最終学校	卒業年次	摘　　要
						代表者 (講座責任者)

第３章　アジア共同体講座　235

(171RG1JP-4)

講座担当者研究業績一覧表

「講座担当者リスト」欄に記載された者ごとに、最近発表した学術研究論文および学術研究著書を一人三編以内、発表年次順で記入すること。

注）記入欄が不足の際は（論文リスト続き）（171RG1JP-5）を利用下さい。

著 者 名	学・協 会 誌 名 （巻、頁、年を含む）	発 表 論 文 名（研究著書名）

(171RG1JP−5)

著　者　名	学・協会誌名 （巻、頁、年を含む）	発表論文名（研究著書名）

〜申請書ご提出の前に〜

書類不備防止のため、以下の項目について必ずご確認ください。

確認欄（✔印）

①前年度報告書の提出（2年目のみ）　☐

②申請者の署名または押印の有無　☐

③日付入りシラバスの添付　☐

お問合せ・書類提出先

一般財団法人ワンアジア財団

〒116-0013

東京都荒川区西日暮里 2-22-1-405

TEL：03-5615-5500

E-mail：info@oneasia.or.jp

(RG1JP-5)

年　　月　　日

一般財団法人ワンアジア財団　御中

作　成　者
住　　　所：
電　　　話：
大　学　名：
所　　　属：
(学部・学科または研究所)
職　　　名：
氏　　　名：　　　　　　　　　　印

助成結果報告書

標記について、次のとおり報告します。

1．受取助成金額　　金　　　　　　　　　円

2．助成金使途内訳

区　　分	支　出　額	内　　訳	備　　考
諸　謝　金	円	謝金　　　　　　　　　円	
旅　　費	円	旅費　　　　　　　　　円 (交通費・宿泊費を含む)	
諸　　費	円	消耗品費　　　　　　　円 印刷製本費　　　　　　円 通信運搬費　　　　　　円 会議費　　　　　　　　円 人件費　　　　　　　　円 (講座専属事務員) その他　　　　　　　　円 (　　　　　　　　　　)	
合　　計	円	※1.「繰越金」は、前年度からの繰越があれば記入。
繰　越　金 ※1	円	※2. やむを得ず当該年度で使用できなかった分については 　　　次年度以降への繰り越し可。
残　　金 ※2・3・4	円	※3. 繰越金の使途についての簡単な説明を別途添付。 ※4. 受取助成金＋繰越金－支出合計 ※5. 明細および領収書等の添付不要。

（RG1JP-5)

３．実施講座実績

１　実施講座名

....

２　講座実施期間

............年.....月から...........年.....月まで

３　受講者数

①登録学生数 ....名　　②一般聴講生数（①を除く平均）..............名

４　実際に行ったシラバス

	日付	講師	テーマ
第1回	月　日		
第2回	月　日		
第3回	月　日		
第4回	月　日		
第5回	月　日		
第6回	月　日		
第7回	月　日		
第8回	月　日		
第9回	月　日		
第10回	月　日		
第11回	月　日		
第12回	月　日		
第13回	月　日		
第14回	月　日		
第15回	月　日		

５　講座に関連する諸活動（該当する場合は概要を記入）

①シンポジウム等の開催　　　有　□　　無　□
概要：

②出版物の刊行　　　　　　　有　□　　無　□
概要：

③その他　　　　　　　　　　有　□　　無　□
概要：

第３章　アジア共同体講座　239

(RG1JP-5)

4. 講義担当者リスト

ふりがな 氏　　名	Name	所　　属 研究機関名	職名及び 専門科目	最終学校	卒業年次	E-mail
1						
2						
3						
4						
5						
6						
7						
8						
9						
10						
11						
12						
13						
14						
15						

※ご提出頂く個人情報は、当財団の「個人情報に関する基本方針」に基づき、安全かつ適正に管理致します。

5. 添付資料

	確認欄（✔印）
①配布資料（PowerPoint 資料を含む）	☐
②映像または画像記録	☐
③成果物（論文、出版物等）	☐
④その他講座関連資料（パンフレット、ポスター等）	☐

※①および②は提出必須、③および④は該当がある場合に提出（複写可）。

※助成結果報告書は、講座終了後 1 ヶ月以内にご提出されるようお願いいたします。
　特段の事情により期限内に結果報告書を提出することが出来ない場合は、事前にその旨を
　ワンアジア財団事務局までお知らせください。

お問合せ・書類提出先
一般財団法人ワンアジア財団
〒116-0013
東京都荒川区西日暮里 2-22-1-405
TEL : 03-5615-5500
E-mail : info@oneasia.or.jp

奨学金助成制度のご案内

1. **助成事業内容**
   当財団が助成するアジア共同体に関わる講座を受講する優秀な学生に対し、奨学金（一時金）を支給します。

2. **申請方法・手続**
   本文書を受領後、1ヶ月以内に、財団あてに奨学金助成制度適用の申請（意思表示）を行なってください。申請の際には、必ず上記講座の登録学生数（受講生数）をお知らせください。申請のための書類（フォーム）は特に設けておりませんので、財団あてにメール・電話等で明確な意思表示をお願いします。申請（意思表示）後のお手続きについては、別添の「奨学金支給までの手続・手順について」をご参照ください。なお、制度適用をご希望されない場合でも、その旨を財団までお知らせください。

3. **助成内容**

● **対象**
   当財団が助成している将来のアジア共同体の創成に向けた、アジア共同体に係わる講座の受講生。　ただし、当財団の基本理念に反するものは対象外とします。

● **助成金額および件数**
   大学の講座あたりの奨学金の総額は講座開設助成金の最大15%までとし、具体的な金額は、審査基準に基づいて、当財団の選考委員会で審査の上決定します。

● **審査と評価**
   アジア共同体の創成に寄与することを審査の基準とし、アジア共同体の形成に寄与できる積極的で優秀な学生。

● **奨学金の授与**
   奨学生に対し、「ワンアジア財団奨学生」として、ワンアジア財団理事長より奨学証書および奨学金を授与します。

● **連絡担当者**
   大学において責任を分担できる方を連絡担当者とし、大学を通じて推薦してください。

● **審査方法等**
   奨学金支給の対象となる学生の推薦は大学が行い、財団がこれを承認し、奨学生の決定を行ないます。大学は公平に審査の上、責任者（原則として学部長またはこれに準ずる立場にあるもの）が推薦者リストを決定し、財団に推薦するものとします。なお、推薦者リストを提出する際に、選考方法・過程についての報告をすること。

● **その他**
   個人情報の取扱いと情報の公開について
   応募書類に記入された個人情報については、法令および当財団の内部規程に則り、適切に取扱います。

以　上

奨学金支給までの手順

<奨学金支給までの事務手続きフローチャート>

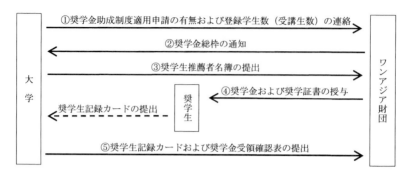

① 奨学金助成制度適用の申請の有無および登録学生数（受講生数）の連絡
② 奨学金総枠の通知
　原則として奨学金は円（日本国内）または、米国ドル（日本以外の地域）で通知されます。
③ 奨学生推薦者名簿の提出
　奨学生のランクと個々の学生への奨学金額を明記した「奨学生推薦者名簿」を<u>授与式の10日前までに提出</u>してください。（日本国内の大学は日本語・それ以外の地域の大学は英語で名簿を作成）
④ 奨学金および奨学証書の授与
　財団より学生に直接授与します。奨学金は原則、日本円(JPY)または米ドル(USD)での支給となります。
⑤ 奨学生記録カードおよび奨学金受領確認表の提出
　事情により、奨学生記録カードを当日に提出できない場合は、後日速やかにご提出ください。

< 留意点 >

- 奨学生の人数について
  受講生の20%以内、最大20名までとします。それを超える場合は、事前に財団事務局にご相談ください。
- 奨学証書について
  奨学証書は英文で作成し、大学名・所属学部（所属学部がない場合は学科名）・氏名・ランク名称のみを表記します。
- 奨学金の支給通貨
  「奨学生推薦者名簿」および「奨学金受領確認表」の金額欄は、原則として日本円(JPY)または米ドル(USD)表示にてお願いします。それ以外の通貨（現地通貨）で表示される場合は、別途お知らせください。
- 現金以外での支給
  大学の規則等により、学生に対し奨学金を現金で支給することが難しい場合は、財団事務局までご相談下さい。
- 奨学金のお渡し方法
  原則、現金でお持ちします。希望があれば銀行振込（大学または大学の付属機関の正式な口座に限る）も可能です。いずれの場合も、事前準備期間として奨学金授与式前10日程度のリードタイムが必要となります。
- <u>奨学金制度による奨学金は、講座開設による助成とは別枠となります。</u>

7　アジア共同体講座関連出版物

　ワンアジア財団の書籍およびワンアジア財団の助成による「アジア共同体講座」の成果物として刊行され，2017年3月までに財団事務局にお送りいただいた書籍を，書名，著者名，出版社名，発行年，研究助成対象大学（研究助成対象者）の順に掲載している。

　掲載順：事務局受領順

7.1　ワンアジア財団の出版物

　財団の出版物のうち，法文社（2014），Ashi-Shobo（2014），同済大学出版社（2015），Hakim Publishing（2015），Аси-Сёбо（2015）は各出版社による『ワンアジアの使者たち―アジア共同体をめざして―』（芦書房）の各国語による翻訳出版である。

アジア共同体の創成に向かって

佐藤洋治・鄭俊坤 編著

ワンアジア財団
2011

ワンアジアの使者たち―アジア共同体をめざして―

鮎川良 著

芦書房
2013

아유카와 료 저・제주대학교
아시아공동체연구센터 역
（韓国語版）

원아시아의 헤럴드

法文社
2014

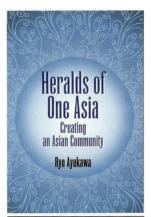

Heralds of One Asia Creating
an Asian Community
（英語版）

Ryo Ayukawa

Ashi-Shobo
2014

同一个亚洲的使者们―为创建
亚洲共同体而努力―
（中国語版）

鮎川良 著・蔡郭达 編译

同济大学出版社
2015

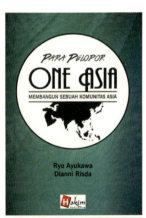

PARA PELOPOR ONE ASIA-
MEMBANGUN SEBUAH
KOMUNITAS ASIA-
（インドネシア語版）

Ryo Ayukawa & Diannni
Risda

Hakim Publishing
2015

第 3 章　アジア共同体講座　245

СПОДВИЖНИКИ ЕДИНОЙ АЗИИ－на пути к Азиатскому сообществу－（ロシア語版）	아시아의 끔과 신아시아인 육성을 위한 교육 –One Asia Convention Jeju 2014–
Рё Аюкава	원아시아재단・아시아공동체연구센터 공편저
Аси-Сёбо	문우사
2015	2015

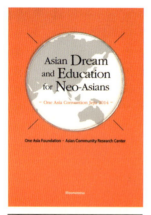

Asian Dream and Education for Neo-Asians–One Asia Convention Jeju 2014–	构建亚洲命运共同体—"One Asia Convention 2015 上海大会"論文集—
One Asia Foundation, Asian Community Center, Jeju National University	復旦大学国際問題研究院 編
Moonwoosa	
2015	復旦大学出版社
	2016

7.2 講座関連の出版物

東アジア地域統合の探究

青地正史・王王鵬・小柳津英
知・星野富一・森川裕二 編著
法律文化社
2012
講座開設助成（富山大学）

아시아공동체론 논문집

송서순 編著
도서출판 우누리
2012
講座開設助成（国立済州大学）

ひとつのアジア共同体を目指して

金泰旭・金聖哲 編著
御茶の水書房
2012
講座開設助成（広島市立大学）

第３章　アジア共同体講座　247

日韓関係の未来を構想する

姜尚中・木宮正史 編

新幹社
2013
講座開設助成（東京大学情報学環）

アジア共同体―その構想と課題―

林華生 編著

蒼蒼社
2013
講座開設助成（早稲田大学大学院）

ワンアジア入門ブックレット①
中国のメディアと東アジア知的共同空間

梅村卓・大野太幹・石塚迅・丸山鋼二 著

文教大学
2014
講座開設助成（文教大学）

イメージング・チャイナ―印象中国の政治学―

鈴木規夫 編

国際書院
2014
講座開設助成（愛知大学）

東アジアにおける経済統合と共同体	高齢社会の課題とアジア共同体
廣田功・加賀美充洋 編	荻野浩基 編
日本経済評論社	芦書房
2014	2014
講座開設助成（帝京大学）	講座開設助成（東北福祉大学）
シリーズ・ワンアジア―アジアの相互理解のために―	アジアにおける地域協力の可能性
金香男 編	青木一能 編
創土社	芦書房
2014	2015
講座開設助成（フェリス女学院大学）	講座開設助成（日本大学文理学部）

第3章　アジア共同体講座　249

世界からみたアジア共同体

渡邊啓貴 編

芦書房
2015
講座開設助成（東京外国語大学）

中国・朝鮮族と回族の過去と現在—民族としてのアイデンティティの形成をめぐって—

松本ますみ 編

創土社
2015
講座開設助成（新潟県立大学）

歴史・文化からみる東アジア共同体

新潟県立大学・権寧俊 編

創土社
2015
講座開設助成（新潟県立大学）

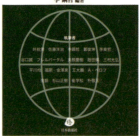

アジア共同体の創成プロセス

李鋼哲 編

日本僑報社
2015
講座開設助成（北陸大学）

아시아공동체론 강연시리즈 1 아시아공동체와 다언어 다문화 커뮤니케이션

정기영 編

솔과학
2015
講座開設助成（釜山外国語大学）

아시아공동체론 강연시리즈 2 아시아공동체와 지역사정

정기영 編

솔과학
2015
講座開設助成（釜山外国語大学）

アジア共同体の構築をめぐって—アジアにおける協力と交流の可能性—

竹歳一紀・大島一二 編著

芦書房
2015
講座開設助成（桃山学院大学）

地域と理論から考えるアジア共同体

坂井一成 編

芦書房
2015
講座開設助成（神戸大学）

第３章　アジア共同体講座　251

同一个亚洲财团捐赠讲座　亚洲共同体论演讲・论文集

蔡郭达・陈毅立 編

同済大学出版社
2015
講座開設助成（同済大学）

アジア共同体と日本―和解と共生のために―

殷燕軍・林博史 編

花伝社
2015
講座開設助成（関東学院大学）

東アジア共同体構想と日中韓関係の再構築

星野富一・岩内秀徳 編

昭和堂
2015
講座開設助成（富山大学）

平和と共生をめざす東アジア共通教材―歴史教科書・アジア共同体・平和的共存―

山口剛史 編著

明石書店
2016
講座開設助成（琉球大学）

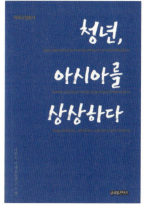

アジア共同体への信頼醸成に何が必要か―リージョナリズムとグローバリズムの狭間で―

金香男 編著

ミネルヴァ書房
2016
講座開設助成（フェリス女学院大学）

청년, 아시아를 상상하다

다빈치 미래교양연구소 편

글로벌콘텐츠
2016
講座開設助成（韓国・中央大学）

近現代東アジアと日本

土田哲夫 編

中央出版部
2016
講座開設助成（日本・中央大学）

調和的秩序形成の課題

金野純 編著

御茶の水書房
2016
講座開設助成（学習院女子大学）

第 3 章　アジア共同体講座　253

21世紀の東アジアと歴史問題

田中仁 編

法律文化社
2017
講座開設助成（大阪大学）

アジアから考える―日本人が「アジアの世紀」を生きるために―

水羽信男 編

有志舎
2017
講座開設助成（広島大学）

アジアの地域統合を考える―戦争をさけるために―

羽場久美子 編著

明石書店
2017
講座開設助成（青山学院大学）

東アジアの多文化共生―過去/現在との対話からみる共生社会の理念と実態―

権寧俊 編著

明石書店
2017
講座開設助成（新潟県立大学）

第4章 ワンアジアコンベンション

One Asia Foundation

1 ワンアジアコンベンションの開催とその展開

1.1 コンベンション開催の目的

ワンアジア財団は2011年から毎年ワンアジアコンベンションを開催してきた。これまでに6回，すなわち東京，（2011年），仁川（2012年），バンドン（2013年），済州（2014年），上海（2015年），プノンペン（2016年）で開催した。2017年は名古屋で開催する。

コンベンションにはアジア共同体講座を既に開設されている大学の担当の先生およびその大学の学部長または学長・総長の方に参加していただいている。また，一般の参加者も歓迎している。

財団がコンベンションを開催する最大の目的は，大学の先生間の横のつながりを強め，教授のネットワークを拡大することである。人と人とのコミュニケーションの輪を広げようというのである。先生方は所属大学のアジア共同体講座で講義された先生とはコミュニケーションを取っているが，それ以外の先生とは互いがアジア共同体に関心をもっていても知り合う機会がない。そこで年に1度一堂に会することで，アジア共同体創成の理念を確認し，共有することが大切と考えたのである。コンベンションでは40名〜50名の先生がプレゼンテーションをする。プレゼンテーション後の質疑応答を利用して，さらには全員が一堂に会する食事会のテーブルでの名刺交換を通してネットワークを拡大して

いただきたいのである。

　また，コンベンションを通して財団の目的，活動内容，活動規模の全体像を
ビジュアルで具体的なものとして把握していただきたいと願っている。コンベ
ンションに初めて参加された先生には特にこの点を理解していただければと思っ
ている。また，これからアジア共同体講座を開講しようかどうかと思慮してい
て，情報を仕入れに来ておられる先生もなかにはいらっしゃる。そうした先生
には早期に講座を開設しよう，という意欲を是非とも高めていただき，開講の
意思を固めていただきたいという狙いも実はある。このように，目にみえる形
で先生方によい刺激を受けていただくことによって様々な展開があり得ると考
えている。

　コンベンションの開催については，当初は毎年開催することはとても大変で
あると考えていた。2年に1回，あるいは3年に1回の開催が適当では，とい
う声が事務局内にもあった。準備の時間も労力も資金も相当にかかるからであ
る。ところが，コンベンションを開催してみると，先生方の反応が極めて良い。
財団のコンベンションの雰囲気がとても家族的で温かい。しかもジャンルの違
う様々な先生方と交流できる。他にはこのような会合はないという評価が上がっ
てくる。学会は同じ専門分野の先生の集まりであるが，財団のコンベンション
ではあらゆる分野の専門家が参加していて，それらの方と議論できるし，交流
できる，というのである。初回のコンベンションを開催してみるとこのように
参加者の反応がとてもよかったのである。コンベンションの参加定員は一大学
につき1〜2名までとしているが，ある大学では参加したい先生が定員以上に
なり自費で参加してくださる。そのような先生方の声を聞くことで，開催意義
が大きいことを再確認した。そしてコンベンションを毎年開催することを決意
した。コンベンションは毎年，開催都市を変えながら開催していくことになる。

1.2　コンベンション開催時の大学との連携

コンベンションを開催するに当たって開催地の大学とどのように連携を図っ

ているのであろうか。これまで6回のコンベンションを開催してきたが，第1回東京コンベンションはいわば手作りのコンベンションであったので，記念品の発注なども含めすべて財団事務局が行った。

　第2回仁川コンベンションは，海外での初めての開催であったため，運営に割り切りが必要でありそれなしには開催が危ぶまれると考えた。そこでコンベンションを中心的に担ってくれる組織を立て，運営をそこにお願いした。主催に関わる運営費はすべて財団が負担した。運営，共同開催については相互に取り決め，大学と財団が協力して企画することとした。

　この第1回と第2回は最初のコンベンション，海外での初めての開催ということでその後のコンベンションとは多少異なる運営となったのである。

　第3回からのコンベンションは概ね以下のような運営態勢をとっている。コンベンションは開催の目的が公益的なものであるので，会場内で行われる営利的な活動には一切資金を提供していない。大学側にとっては開催準備が大きな経験になり，大学のプレゼンスとパフォーマンスを高めることができる。そのこともあり，大学側に報酬や謝礼，利益提供は一切行っていない。財団はスポンサーではなく，主催者として主催責任をもつことを財団と大学のあいだで明確にし，大学は共催または主管ということをお互いで決めている。外部にもそのことを明示している。この点を押さえたうえで，大学は運営を財団と相談しながら決めていく。イベントの開催方法，学生ボランティアの参加方法などは大学が独自に決定する。ただし，実際にはこれまでの資料と情報は財団が保有しているので大学は協力という形をとり，阿吽の呼吸で調整しながら進行している。大学が全部担い，財団は資金を出すだけということではコンベンション開催の目的と意義が徹底しない。相互理解に基づき互いの気持ちを推し量ることでスムーズな運営ができるよう気遣っている。

　例えば，30〜40の国々からの参加者への対応を開催校の先生だけで行うことには到底無理がある。ベジタリアンかどうかなど食事の細かいことまで含めて，決定しなければならない事項がたくさんあるのである。空港からの送迎の

問題，ビザについても決して小さな問題ではない。ビザが取れずに参加できなかった方もいる。2016年開催のカンボジアはASEAN諸国間ではノービザであるし，インターネットを使ってビザを取得できるので，敵対的なことがあってもビザの取得が難しくなく比較的開かれた国であるが，そのような国がすべてではない。そのため，ビザについての苦労は少なくないのである。

現在では財団事務局は大学とのやり取りの仕組みなどを理解しているので，財団がポイントを押さえて開催校にどのような依頼をすればいいかを承知している。いわばビジネスモデルができあがっているといえよう。開催校にはその経験を伝えるようにしている。財団と開催校はwin-winの関係になっているのである。

開催校の決定にあたっては，財団の活動を理解している先生がいらっしゃることが前提になる。コンベンションを是非とも開催したいという大学でないと開催をお願いすることはできない。これまでは，仁川コンベンションでは仁川大学，バンドンコンベンションではインドネシア教育大学，済州コンベンションでは国立済州大学，上海コンベンションでは復旦大学，プノンペンコンベンションではプノンペン大学，の先生方がよき財団の理解者として積極的・情熱的に行動し，各コンベンションの開催を支えてくださった。ひとりの先生が担うのではなく，大学のなかに大学から認知された組織を作り運営していくことが必要になる。そのため，組織力，統率力のある先生が必要なのである。コンベンションの開催を通じて，財団へのよき理解とワンアジアへの情熱をもつ先生が増えていくことも財団の財産のひとつである。

1.3　コンベンション開催の決定時期

コンベンションの開催はいつ決まるのであろうか。コンベンションの開催については開催前年はじめには考え始める。1年以上前には開催場所を決めておくことがホテルなどの会場を抑える都合上必要である。参加者600名の会場を手当てするのはなかなか大変なことなのである。つまり，次回のコンベンショ

ンの開催場所はコンベンション最終日には発表できるようにしている。プノンペンは特別な理由があり上海コンベンションで正式に発表することはできなかったが，済州コンベンション以来，次回の開催会場を発表するようにしている。次の開催が決まっていることでコンベンションひいてはアジア共同体講座などの財団活動に継続性が生まれるのである。

1.4　基調講演・ラウンドテーブルへの取り組み

コンベンションのメインスピーカーとして高名な方をお呼びするのは第1回東京コンベンションからである。基調講演は概ね2名の方にお願いしている。済州コンベンションからは財団理事長・佐藤洋治も基調講演を担当するようになった。

仁川からコンベンションは2日間かけて行うようになり，1日目の16時頃にスタートし，ラウンドテーブルでのディスカッションという形で参加者のなかの主要な方々（大学総長クラス，外務事務次官クラス，個人資格で参加する著名人，地元のVIP）に参加していただいている。仁川のラウンドテーブルはメディアの注目を浴び取材が殺到した。

第1日目に基調講演，ラウンドテーブルという進行形態を採らないと，参加者が興味のある分科会を目指して参加するなど，一堂に会することが難しくなると予想された。ラウンドテーブルを開催することで全員が第1日目に集まるようになり，ウェルカムパーティーを中心にほとんど全員が参加できるようになった。ウェルカムパーティーは東京コンベンションから行っている。

上海コンベンションからは，スピーカーを学者に限定することにした。学者以外の方，例えば政治家をスピーカーに入れると，それらの方が各々の立場を表明せざるをえないため，アカデミックな学者中心の構成にすることにしたのである。そのような話は仁川コンベンションから出ていた。仁川では来賓として仁川市長が参加したが，上海では来賓としても政治家はご遠慮願うこととした。しかし実際には党要人が挨拶をした。この辺の調整は現地の事情もあり難

しいところである。政治家は挨拶程度として，内容は学際的な集まりとすることが基本である。プノンペンコンベンションでも副教育大臣が挨拶をしたが，政治家としてではなく，国を代表しての挨拶であった。財団の活動原則のひとつに「政治に介入しない」とあるので，政治家の資格・立場で参加しないようにお願いしている。

1.5　分科会について

第1回の東京コンベンションでは分科会はなかった。仁川コンベンションから午前の全体会議，午後の分科会という形式になり，バンドンコンベンションもこれを踏襲した。政治・経済・社会，教育・歴史・哲学，文化・芸術・メディアなど3つの切り口で分科会を行うことが第2回目以降定着したのである。

分科会は，司会（モデレーター）と発表者（パネリスト）でディスカッションするのが基本であるが，フロアから質問を希望する方もいる。分科会のなかでのディスカッションは仁川コンベンションからあったが，済州コンベンションでは発表者が多数であったためディスカッションの時間を少なくした。バンドンコンベンションでは午前中の会議場から午後の分科会場に移動しなければならなかったので，分科会の時間配分に苦労した。

分科会はパネリストの数などで試行錯誤があったが，3つの分科会で司会者・発表者を立て，皆でディスカッションをするというスタイルが現在ではほぼ確立された。学会とは異なる財団のコンベンションの大きな特色は，アジア共同体に関連するあらゆる分野の人が参加することである。これは他に類をみないものである。どういうジャンルの人が参加してもいいし，どの分科会に参加してもいい。ひとつの分科会に終始参加しなくともいい。会場準備のため参加希望分科会を事前に申請していただいているが，いくつかの分科会を聴いて廻ってもいいのである。

これまでの分科会では，第一セッションは社会科学が中心で，政治・経済・安全保障・環境などがテーマであった。第2セッションは人文科学で，歴史・

260

教育などがテーマとなる。第3セッションは文化・メディア・芸術がテーマとなる。アジア共同体に関わるすべての分野を扱うため分野が拡がるが，3つの分科会でそれを扱おうとしている。

1.6　同時通訳について

コンベンションでは現地語・日本語・韓国語・中国語・英語の同時通訳を採用している。同時通訳は第1回東京コンベンションから付けていた。ただし，東京コンベンションでは日本語・韓国語・ロシア語の同時通訳で，中国語はなかった。ロシア語の通訳は第2回仁川コンベンションから採用しなくなった。3つの分科会で同時通訳をするようになったのは仁川コンベンションからである。

いま述べたように，コンベンションでは現地語をプラスして主要言語の同時通訳をすることにしているが，これが結構大変な労力を必要とするのである。開催地によって同時通訳の能力，組織運営力，社会のインフラなどで格差がある。正直いって日本から通訳を連れていった方がいいのではないかと感じることもあった。しかし，これまでにそのようなことをしたことは1度もなかった。なぜならば，コンベンションの開催校，参加者が1つのアジアを掲げ，ともに歩んでいくことが大切で，大国だからとか小国だからとか，あるいは先進国だからとか発展途上国だからとか，は関係ないのである。発展途上国のコンベンション開催校からは，先進アジア諸国と同じようには運営できないのではないかとの心配があったが，財団は開催校とともに行動することで，互いに勇気，希望，自信を得て進めることができた。自分たちがアジアの一員としてともに歩んでいる仲間であることを認識できたことは感謝であった。

2　ワンアジアコンベンション東京2011

2.1　東京コンベンションの特色

東京コンベンションは初めてのコンベンションであり参加者は300名ほどで

第4章　ワンアジアコンベンション　261

あった。参加国は7カ国であり、参加大学数、参加した教授と学生の数は比較的少なかった。参加者がそれほど多くなかったため、財団事務局で企画・運営することができた。発表者、パネリストはそれなりの人数がそろっていたが、分科会は開かなかったので、進行のすべてを頭に入れて、手作りでコンベンションを開催することができた。

第1回東京コンベンションの概要	
日程	2011年7月1日
地域	日本・東京
主催	ワンアジア財団
チーフコーディネーター	
会場	ホテルラ西塚英和事務総長ングウッド
出席人数	約380名 (7カ国14都市から)

2.2 東京コンベンションのプログラム

2011年7月1日金曜日	
9：30～	開場・受付
10：00～10：15 開会挨拶	佐藤洋治（ワンアジア財団理事長）
10：15～10：30 来賓挨拶	進藤榮一（筑波大学名誉教授，国際アジア共同体学会代表）
10：30～11：50 講演	姜尚中（東京大学大学院情報学環教授，現代韓国研究センターセンター長）
11：50～13：10	昼食
13：10～15：00 報告	総合司会者：進藤榮一 羅鍾一（元駐日韓国大使，前又石大学総長） メン・ドゥミトリー（カザフスタン国立教育大学教授） 谷口誠（元国連大使，元岩手県立大学学長）
15：00～15：20	休憩
15：20～17：00 パネル・ディスカッション	羅鍾一（元駐日韓国大使，前又石大学総長） メン・ドゥミトリー（カザフスタン国立教育大学教授） 谷口誠（元国連大使，元岩手県立大学学長） 趙南哲（韓国国立放送通信大学総長） ジャンズブドルジン・ロンボ（前駐北朝鮮モンゴル大使，現駐韓国モンゴル公使） 佐藤洋治（ワンアジア財団理事長）
18：00～20：00	懇親会・功労者表彰 ワン・アジアクラブ各地域代表紹介 顧問紹介

3　ワンアジアコンベンション仁川 2012

3.1　仁川コンベンションの特色

　仁川コンベンションにおいて参加国，参加大学，参加教授数が圧倒的に増加した。このことはその後のアジア共同体講座のさらなる広がりのきっかけとなったのであった。仁川コンベンションは大学と財団との連携によるはじめてのコンベンションとして成功した。プログラムもウエルカムディナーから始まり，2日目午前中に基調講演を，午後に分科会を行うという現在の形の基本がこの時にできあがった。

第 2 回仁川コンベンションの概要	
日程	2012 年 7 月 6 日～7 日
地域	韓国・仁川
協力	仁川大学
チーフコーディネーター	朴済勲教授
会場	ハイアット・リージェンシー仁川
出席人数	約 350 名 (15 の国・地域の約 70 校)

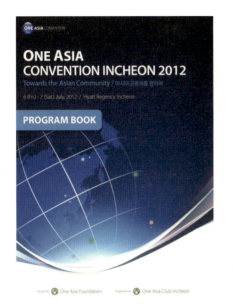

3.2 仁川コンベンションの財団挨拶

理事長挨拶　仁川コンベンション

　「ワンアジアコンベンション仁川 2012」の開催にあたり、ご挨拶申し上げます。

　ワンアジアコンベンションが昨年は東京で開催されましたが、今年はワンアジアクラブ仁川の協力を得て、仁川で開催されますことを大変嬉しく存じます。

　本日、「ワンアジアコンベンション仁川 2012」は「アジア共同体に向かって」というテーマの下で、アジア 15 の国と地域から、ワンアジア財団が支援する大学関係者をはじめ、300 名を超える方々が参加しておられます。現在、アジア共同体論の講座を開設又は準備をしている大学は、19 の国と地域から約 120 の大学に広がっております。

グローバリゼイションという大きな歴史のうねりの中で、各地域や国々のあり方、またこれまでの社会を形成・維持してきたシステムや価値体系などが大きく問われ、新たな変容が求められています。アジア共同体を形成して行くことは、国家間の壁を低くし、人と人をつなげて行くことによって、21世紀のアジアの人々に希望と夢を与えることであります。

　そのアジア共同体への道は、優先順位があるのではなく、実現可能なことから始めることが重要であると考えています。そこで教育を通じたアジア共同体の創成へのアプローチは確実で持続可能な方法の一つであると確信します。すでに教育を通じたアジア共同体への道は、皆様によって着実に広がりつつあります。

　ワンアジア財団は「アジア共同体の創成に寄与する」ことを目的とします。しかしワンアジアのための主役は、財団ではなく教授と学生をはじめ、本日ここにお集まりの皆さまです。これから皆さま方が先頭に立って、アジアが一つに、さらには世界が一つになっていくことに寄与されることを願っております。

ワンアジア財団

理事長　佐藤洋治

3.3 仁川コンベンションのプログラム

2012 年 7 月 6 日金曜日	
18：00〜20：00	ワンアジアクラブ仁川発足式・ウェルカムディナー
2012 年 7 月 7 日土曜日	
9：30〜10：00	受付
10：00〜11：00 開会式	佐藤洋治（日本・ワンアジア財団・理事長） 朴済勲（韓国・ワンアジアクラブ仁川・理事長） Young-Gil SONG（韓国・仁川市長） 朴哲（韓国・韓国外国語大学・総長）
11：00〜12：00 基調講演	Hak-Su KIM（アジア太平洋経済社会委員会・元事務局長） 林華生（日本・早稲田大学・教授）
12：00〜13：30	昼食
13：30〜15：30 分科会 1	「アジア共同体のための政治と経済の役割」 司会者：朴済勲（韓国・仁川大学） 金裕殷（韓国・漢陽大学） 林華生（日本・早稲田大学） 李麦収（中国・河南大学） ダミール・アサノフ（キルギス・キルギス国立大学） 範士明（中国・北京大学） 魏志江（中国・中山大学）
15：30〜15：45	休憩
15：45〜17：00 討論	黒瀬直宏（日本・嘉悦大学） 崔永宗（韓国・韓国カトリック大学）
13：30〜15：30 分科会 2	「アジア共同体のための歴史と教育の役割」 司会者：Won-Shik CHOI（韓国・仁荷大学） ディアンニ・リスダ（インドネシア・インドネシア教育大学） アスカー・ジャキシェフ（キルギス・キルギス・ロシア スラブ大学） 楊武勲（台湾・国立暨南国際大学） 申一燮（韓国・湖南大学） 徐静波（中国・復旦大学） 全炳淳（カザフスタン・カザフ国立大学）
15：30〜15：45	休憩
15：45〜17：00 討論	崔載憲（韓国・建国大学） 谷垣真理子（日本・東京大学）
13：30〜15：30 分科会 3	「アジア共同体のための文化と芸術の役割」 司会者：木村政司（日本・日本大学）

第 4 章　ワンアジアコンベンション　269

	国広ジョージ（日本・国士舘大学）
	鄭賢淑（韓国・祥明大学）
	蔡敦達（中国・同済大学）
	權宇（中国・延辺大学）
	Chungyeon CHO（韓国・City Media）
	李大雄（韓国・祥明大学）
15：30〜15：45	休憩
15：45〜17：00 討論	原一平（日本・日本大学） Hakyoung SHIN（韓国・淑明女子大学）
17：00〜17：30	休憩
17：30〜18：00	総括
18：00〜20：00	閉会式・フェアウェルディナー・文化公演

第4章　ワンアジアコンベンション　271

畿湖日報（2012.7.9）

教授新聞（2012.7.9）

4　ワンアジアコンベンションバンドン2013

4.1　バンドンコンベンションの特色

　バンドンコンベンションはASEAN諸国を中心に開催された初めての地域コンベンションであった。ASEAN中心に開催したのは地理的な条件からであった。バンドンコンベンションで特筆すべきは1955年に開かれたアジア・アフ

第3回バンドンコンベンションの概要	
日程	2013年3月22日〜23日
地域	インドネシア・バンドン
協力	インドネシア教育大学
チーフコーディネーター	ディアンニ・リスダ教授
会場	（午前）アジア・アフリカ会議博物館 （午後）サボイ・ホーマン・ビダカラホテル
出席人数	約280名 （アセアン諸国9カ国を含む14の国と地域の74大学から）

リカ会議（AA 会議）の会場で開催されたことである。その AA 会議での宣言文であるバンドン宣言に倣い，コンベンション参加国を代表する主要 13 大学とワンアジア財団がアジア共同体の創成に向かっての共同宣言にサインした。

4.2　バンドンコンベンションの財団挨拶

ワンアジアコンベンションバンドン 2013

ワンアジア財団

理事長　佐藤洋治

「ワンアジアコンベンションバンドン 2013」にご参加の皆様を心より歓迎致します。開催にあたりインドネシア教育大学の Sunaryo Kartadinata 総長をはじめ諸先生方並びに関係者の皆様の協力に心より感謝申し上げます。

ワンアジアコンベンションはこれまで 2011 年には東京 (日本) で，2012 年には仁川 (韓国) において開催されました。今回，1955 年に「アジア・アフリカ会議」が開催されました由緒のあるインドネシアのバンドンにおいて，「ワンアジアコンベンションバンドン 2013」が開かれることは，歴史的にも大変意義のあるものと考えております。

本日のコンベンションには，「アジア共同体に向かって」というテーマの下で，アセアン諸国を中心にワンアジア財団が支援する 15 カ国・70 大学から教授・学生をはじめ約 250 名を超える方々が参加することになりました。ワンアジア財団がアジアの各大学にアジア共同体論の講座を支援してから，まだ 3 年も経っておりませんが，アジアを中心に 25 の国と地域から 182 の大学 (すでに講座が行われている 87 大学，準備中の 95 大学) が講座に参加している状況であります。

このような急速な広がりには，国家・民族，宗教や政治のカベを越えて，

第 4 章　ワンアジアコンベンション　273

一つのアジア，さらには世界が一つになることへの夢と希望を抱く大学の諸先生方の協力と情熱があったからです。アジア共同体の創成のためには，国民国家のもつ制度的なカベ，また他民族・異文化の人々に対する内面的なカベ，などを一つずつ卒業して行く努力が必要です。大学の教授と学生が中心となる教育を通じたアジア共同体の創成へのアプローチは，着実で持続可能な方法として，人々の心の繋がりと信頼関係を構築していく確実な方法であると考えます。

　「ワンアジアコンベンションバンドン 2013」が，アジア共同体の創成に向けた新たな跳躍になることを確信します。ご参加の皆様と共に，これからは既存の国家や民族という概念に縛られることなく，一つのアジア，一つの世界に向かって，夢と希望をもって一緒に邁進しようではありませんか。

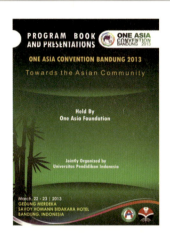

4.3　バンドンコンベンションのプログラム

\multicolumn{2}{c}{2013 年 3 月 22 日金曜日}
19：00〜21：00	ウェルカムディナー・歓迎挨拶・公演
\multicolumn{2}{c}{2013 年 3 月 23 日土曜日}
	〈アジア・アフリカ会議博物館会議場〉

8：30〜9：30 開会式	ディアンニ・リスダ（インドネシア・インドネシア教育大学・教授） 佐藤洋治（日本・ワンアジア財団・理事長） Dada Rosada（インドネシア・バンドン市長） 中川秀直（日本・前衆議院議員） Sunaryo Kartadinata（インドネシア・インドネシア教育大学・学長） Ahmad Heryawan（西ジャワ州知事）
9：30〜10：10 基調講演	Jusuf Kalla（博士，前インドネシア副大統領） Sunaryo Kartadinata（インドネシア・インドネシア教育大学・学長）
10：50〜11：30	（会場移動）
	〈サボイ・ホーマン・ビダカラホテル・バンドン〉
11：30〜14：00	昼食
14：00〜17：00 分科会	分科会1 「政治，経済，テクノロジーとエネルギー〜アジア共同体を目指して〜」 Effendy Sumarja（インドネシア・インドネシア大学） ユートン・クア（シンガポール・南洋理工大学） テンディ Y. ラマディン（インドネシア・バンドン工科大学） Anne Nurbaity（インドネシア・パジャジャラン大学） Pornanong Niyumoka Horikawa（タイ・泰日工業大学） パネリスト：Karim Suryadi（インドネシア・インドネシア教育大学） 司会者：Sri Harto（インドネシア・インドネシア教育大学） 分科会2 「教育，社会，観光，芸術と文化〜アジア・ツーリズム共同体を目指して〜」 ヌル・アイニ・セティアワティ（インドネシア・ガジャマダ大学） I Gede Ardika（インドネシア遺産保護委員会） マッラワアー・ラッチゲー・ニマル・カルナーラトナ（スリランカ・ケラニヤ大学） ロイ・レスミー（カンボジア・王立プノンペン大学） 吉田正紀（日本・日本大学） 金ギョンホ（韓国・済州国立大学） パネリスト：高橋章（日本・日本大学） 司会者：Vanessa Gaffar（インドネシア・インドネシア教育大学）
17：00〜17：30	休憩
17：30〜18：00	大会総括・閉幕
19：00〜21：00	懇親会

第4章 ワンアジアコンベンション 277

署名された共同宣言

5 ワンアジアコンベンション済州 2014

5.1 済州コンベンションの特色

　済州コンベンションは地域コンベンションではなく，全地域を網羅したコンベンションとして開催された。29 カ国，200 校近くの大学から約 580 名が参加した。毎年コンベンションを開催することを決定して臨んだコンベンションであることから，先生方のコンベンションへの印象，財団への評価もよりよい

第 4 回済州コンベンションの概要	
日程	2014 年 8 月 1 日～2 日
地域	韓国・済州道
協力	国立済州大学 アジア共同体研究センター
チーフコーディネーター	金汝善教授
会場	済州グランドホテル
出席人数	約 580 名 （29 カ国約 200 校から）

278

ものとなった。参加人数は済州コンベンションから600名ほどになり，参加人数，開催内容の両面で現在の開催規模になったといえよう。

5.2 済州コンベンションの財団挨拶

ワンアジアコンベンション済州2014を祝して

ワンアジア財団

理事長　佐藤洋治

　ワンアジアコンベンション済州2014が韓国済州道において開催されますことを心より祝賀致します。まず，済州大学アジア共同体研究センターを中心とする済州大学の諸先生方の献身的なご努力に心より感謝申し上げます。

　ワンアジア財団は，「アジア共同体の創成に寄与すること」を目的に，アジアの地域を中心とした各大学に対して「アジア共同体論」の講座開設に支援を行っています。2010年からスタートした大学への寄付講座の活動は，現在アジアを中心に36の国・地域で295大学が講座の進行又は準備をしている状況です。

　このような急速な広がりには，国家・民族，宗教や政治の壁を越えて，一つのアジア，さらには世界が一つになることへの夢と希望を抱く大学の諸先生方の協力と情熱があったからです。

　今日の世界は72億の人々が「自己・自我の壁」「企業・団体の壁」「国・民族の壁」の中で考え，行動しています。このような壁からより早く卒業していくためには，様々な壁を越えた発想を共有していく必要があります。21世紀の世界は国民国家を超えて，多民族・多文化で構成される市民社会で市民社会の中で生きるようになっています。既存の価値観やシステムの限界を経験しながら，新しい融合・変化を模索しています。

アジア共同体の創成のためには，国民国家のもつ制度的な壁，また他民族・異文化の人々に対する内面的な壁，などを一つずつ卒業して行く努力をしていかなければなりません。大学の教授と学生が中心となる教育を通じたアジア共同体の創成へのアプローチは，着実で持続可能な方法として，人々の心の繋がりと信頼関係を構築していく確実な方法であると考えます。

　ワンアジアに対する皆さんの熱意と関心は，アジア共同体の創成に向けた新たな跳躍に繋がると確信します。これからは既存の国家や民族という概念に縛られることなく，平和で安全な社会，そして夢と希望のある「一つのアジア」，「一つの世界」に向かって，一緒に邁進していきたいと考えます。

5.3　済州コンベンションのプログラム

2014 年 8 月 1 日金曜日	
	「アジアの夢〜新しいアジアの時代に向けた教育」
16：00〜17：30 ラウンドテーブル 1	司会者：文国現（韓国・ニューパラダイム研究所・代表） 丁世均（韓国・国会議員・元長官） 金鎮慶（北朝鮮・平壤科学技術大学・総長） 中川秀直（日本・元国会議員） 佐藤洋治（日本・ワンアジア財団・理事長） Sunaryo Kartadinata（インドネシア・インドネシア教育大学・総長）
17：30〜18：00	（済州大学へバス移動）
18：00〜20：00 挨拶・ウェルカムディナー	Koo Sung-ji（韓国・済州特別自治道議員会・議長） Lee Seok-moon（韓国・済州特別自治道教育委員会・教育委員長） Lee Ji-hoon（韓国・済州市長） 宋錫彦（韓国・済州大学・教授会長） 佐藤洋治（日本・ワンアジア財団・理事長）

2014 年 8 月 2 日土曜日	
8：30〜9：00 開会式	趙太庸（韓国・外交部・次官） 羅承日（韓国・教育科学技術部・次官） 元喜龍（韓国・済州特別自治道知事） 許香珍（韓国・済州大学・総長） 崔洛辰（韓国・済州大学アジア共同体センター・準備委員長）
9：00〜10：00 基調講演	リチャード・ダッシャー（アメリカ・スタンフォード大学・教授） 佐藤洋治（日本・ワンアジア財団・理事長）
10：10〜12：40 ラウンドテーブル 2	「アジア共同体の教育」 司会者：金汝善（韓国・済州大学アジア共同体研究センター） 楊武勳（台湾・国立暨南国際大学） キム・スナ（香港・香港理工大学） 王潤華（マレーシア・南方大学学院） ディアンニ・リスダ（インドネシア・インドネシア教育大学） Tiwa Park（タイ・Thai-Nichi 技術研究所） ホー・ミン・クアン（ベトナム・ベトナム国家大学ホーチミン校） マッラワアー・ラッチゲー・ニマル・カルナーラトナ（スリランカ・ケラニヤ大学） アスカー・ジャキシェフ（キルギス・キルギス・ロシアスラブ大学） 金裕殷（韓国・漢陽大学） 金哲（中国・長江師範大学） 渡邊啓貴（日本・東京外国語大学） 羽場久美子（日本・青山学院大学）
12：40〜14：10	昼食
14：10〜17：30 分科会	分科会 1 「政治，経済」 司会者：金富燦（韓国・済州大学法科大学院） イム・ソンベ（アメリカ・セントメアリー大学） 鈴木規夫（日本・愛知大学） 王新生（中国・北京大学） ダミール・アサノフ（キルギス・キルギス国立大学） 崔永宗（韓国・韓国カトリック大学） 祝家華（マレーシア・南方大学学院） 蔡増家（台湾・国立政治大学） 畢世鴻（中国・雲南大学） 星野富一（日本・富山大学） 衣保中（中国・吉林大学） 分科会 2 「歴史，教育，社会問題」 司会者：李鋼哲（日本・北陸大学） 孫衛国（中国・南開大学） 許寿童（中国・三亜大学）

	李振翎（韓国・仁荷大学） 劉宏（シンガポール・南洋理工大学） アスカー・クタノフ（キルギス・キルギス工科大学） 李成市（日本・早稲田大学） 田柯（中国・河南大学） オリガ・ホメンコ（ウクライナ・国立キエフ・モヒラー大学） バハドゥル・ペリヴァントゥルク（トルコ・TOBB経済工科大学） 李晟文（カナダ・ラヴァル大学）
	分科会3「文化，メディア，芸術」
	司会者：徐静波（中国・復旦大学） 王勇（中国・浙江工商大学） 金俊（中国・浙江樹人大学） 陳学然（香港・香港城市大学） 宋義敏（モンゴル・国立モンゴル教育大学） ロイ・レスミー（カンボジア・王立プノンペン大学） 全炳淳（カザフスタン・カザフ国立大学） 木村政司（日本・日本大学） Min Kyeong-joong（韓国・CBS責任者） 黃有福（中国・中央民族大学） ヌル・アイニ・セティアワティ（インドネシア・ガジャマダ大学）
18：00〜20：00	閉会式・フェアウェルディナー・文化公演

第4章 ワンアジアコンベンション 283

第4章 ワンアジアコンベンション 285

Headline Jeju (2014.8.2)　　　　NKchosun (2014.8.4)

6　ワンアジアコンベンション上海 2015

6.1　上海コンベンションの特色

　30の国・地域，240大学から約600名が参加した。日中関係の悪化や政治体制の違いなどマイナスと思われる要因があったにもかかわらず盛況裡に開催することができた。財団の政治的にニュートラルなスタンスと見返りを求めない

第5回上海コンベンションの概要	
日程	2015年7月31日～8月1日
地域	中国・上海
協力	復旦大学 国際問題研究院
チーフコーディネーター	胡令遠教授
会場	小南国花園ホテル
出席人数	約600名 （30カ国240校から）

286

姿勢が理解された結果であった。アジア共同体の必要性を理解し，その創成に寄与するという熱意が中国でも芽生えているように感じられた。

6.2　上海コンベンションの財団挨拶

歓迎の辞

ワンアジア財団
理事長　佐藤洋治

　「ワンアジアコンベンション上海2015」が中国上海において開催されますことを大変嬉しく存じます。本日，世界各地の大学からご参加いただきました皆様方々を心より歓迎いたします。まず，今回のコンベンションの開催にあたり，復旦大学国際問題研究院を中心に諸先生方の献身的なご努力に心より感謝申し上げます。

　ワンアジア財団は，「アジア共同体の創成に寄与すること」を目的に，アジアの地域を中心とした各大学に対して「アジア共同体論」の講座開設に支援を行っています。2010年からスタートした大学への寄付講座の活動

は，皆様方のご活躍によって，現在アジアを中心に 40 の国・地域において 350 の大学が講座の進行又は準備をしている状況となりました。ご参加の皆様方のご協力に心より感謝申し上げます。

皆様方のこのようなご努力にもかかわらず，人類は今なお平和的に共存できず，戦争や殺戮を続けています。「20 世紀は戦争の世紀である」とも言われています。第二次世界大戦期間中（1938〜45）に約 4000 万人の死者が，そして冷戦期間中 (1945-89) にも毎年平均 10 万人の戦死者が出ました。しかし 21 世紀の今日においても殺戮は絶えません。このように繰り返される種内戦争，種内殺戮は自己中心的な人間の特徴とも言えます。また，企業や団体にも様々な壁があり，世界の現実には激しい競争の戦いが行われています。

人類が自己中心性を克服しなければ，未来に対する希望に繋げていくことはできません。人類が作り上げてきた古い壁を卒業して行くためには，まず，「自己・自我」の壁を卒業していくことが必要です。財団は，世界の 72 億の方々がそれぞれの役割を演じ，争いがなく，人類全体で調和のとれた社会を目指して，その希望を持ち続けることこそが財団の活動であると考えています。

未来への希望と夢を共有する皆さんのエネルギーは，国家の壁を越えて，アジアを一つに，さらには世界を一つに繋げていくものと確信します。同じ時間を共有する皆様とともに，72 億の人々がお互いにどう関わり合っているのかについて考えていきましょう。そして世界中のすべての人々が夢と希望を享有できる平和で安全な社会を目指して，一緒に邁進していきましょう。

6.3　上海コンベンションのプログラム

2015 年 7 月 31 日金曜日	
16：00〜17：30 ラウンドテーブル 1	「アジア諸大学の総長会談―教育から生まれるアジアへの理解と共感」
	司会者：徐静波（中国・復旦大学日本研究センター・副センター長）
	林尚立（中国・復旦大学・副学長） 李永茂（韓国・漢陽大学・総長） 向井常博（日本・西九州大学・学長） Tri Hanggono Achmad（インドネシア・パジャジャラン大学・副総長） 金会慶（中国・安徽三連大学・総長） 佐藤洋治（日本・ワンアジア財団・理事長）
17：30〜18：00	休憩
18：00〜20：00	ウェルカムパーティー
2015 年 8 月 1 日土曜日	
9：00〜9：30 開会式	司会者：胡令遠（中国・復旦大学） 林尚立（中国・復旦大学・副学長） 蔡建国（中国・同済大学） 趙南哲（韓国・韓国放送通信大学・前総長） 国広ジョージ（日本・アジア建築家評議会前会長 / 日本・国士舘大学・教授） 修剛（中国・天津外国語大学・総長）
9：30〜10：30 基調講演	沙祖康（国際連合・元事務次長 / 復旦大学国際問題研究院・名誉院長） 佐藤洋治（日本・ワンアジア財団・理事長）
10：30〜10：45	休憩
10：45〜12：40 ラウンドテーブル 2	「ワンアジア共同体講座の顧と展望」
	司会者：蔡敦達（中国・同済大学）
	徐静波（中国・復旦大学） 姜允玉（韓国・明知大学）（共同発表） 李奎泰（韓国・カトリック関東大学）（共同発表） 文京洙（日本・立命館大学） 陳学然（香港・香港城市大学） 楊武勲（台湾・暨南国際大学） ロイ・レスミー（カンボジア・王立プノンペン大学） エコ・ハディ・スジオノ（インドネシア・マカッサル大学） 全炳淳（カザフスタン・カザフ国立大学） アスカー・クタノフ（キルギス・キルギス工科大学） イム・ソンベ（アメリカ・セントメアリー大学）
12：40〜14：00	昼食

第 4 章　ワンアジアコンベンション　289

14：00〜17：30 分科会	分科会1 「政治・経済・社会」
	司会者：鈴木規夫（日本・愛知大学）
	張抗私（中国・東北財経大学）
	胡令遠（中国・復旦大学）
	李起豪（韓国・韓信大学）
	南辰烈（韓国・済州大学）
	平川均（日本・国士舘大学）
	ユ・サン（カンボジア・バッタンバン大学）
	Eko CAHYONO（インドネシア・ダルマ・プルサダ大学）
	タギル・フジヤトフ（ロシア・極東連邦大学）
	分科会2 「歴史・教育・思想」
	司会者：王勇（中国・浙江工商大学）
	李光貞（中国・山東師範大学）
	辛炫承（韓国・尚志大学）
	田中仁（日本・大阪大学）
	陳学然（香港・香港城市大学）
	レ・ディン・チン（ベトナム・ベトナム国家大学ハノイ校）
	タラスベク・マシュラポフ（キルギス・ビシュケク人文大学）
	李晟文（カナダ・ラヴァル大学）
	佐藤洋治（日本・ワンアジア財団）
	分科会3 「文化・芸術・メディア」
	司会者：鄭賢淑（韓国・祥明大学）
	施小煒（中国・上海杉達大学）
	李文哲（中国・煙台大学）
	韓奎良（韓国・韓国交通大学）
	葉柳和則（日本・長崎大学）
	梅家玲（台湾・台湾大学）
	サヤポアン・ヴォンヴィライ（ラオス・スパーヌウォン大学）
	潘碧華（マレーシア・マラヤ大学）
	鄭求哲（韓国・済州国際大学）
18：00〜20：00	閉会式・フェアウェルパーティー

第4章 ワンアジアコンベンション 293

7 ワンアジアコンベンションプノンペン 2016

7.1 プノンペンコンベンションの特色

31 の国・地域，約 250 の大学から約 600 名が参加した。

開催するにあたっては地理的にもこれまでとは異なる準備段階での苦労があった。アジアの一員として共に歩んでいる仲間であることを認識できたという声が多数の参加者から聞かれた。

プノンペンコンベンションにはカンボジア国内に 60 ある大学のうち 48 大学が参加した。そのことはカンボジアの大学にこのアジア共同体講座のプログラムが時を経ずして広がっていくことを現していると考えられる。この意味からも開催地の選定が重要であることがわかる。また，プノンペンコンベンションでは自分から主体的にポケットマネーで参加する先生が増え，先生方の交流が活発になったことも大いに感じられた。

第 6 回プノンペンコンベンションの概要	
日程	2016 年 8 月 5 日〜6 日
地域	カンボジア・プノンペン
協力	プノンペン王立大学
チーフコーディネーター	ロイ・レスミー教授
会場	インターコンチネンタル プノンペン
出席人数	約 600 名 （31 カ国 250 校から）

7.2 プノンペンコンベンションの財団挨拶

歓迎の辞

ワンアジア財団

理事長　佐藤洋治

「ワンアジアコンベンションプノンペン 2016」がカンボジアの首都プノ
ンペンにおいて開催されますことを大変嬉しく存じます。今回のコンベン
ションのために世界各地の大学からご参加いただきました皆様方を心より
歓迎いたします。まず，今回のコンベンションの開催のために，１年間献
身的に準備をしてきた王立プノンペン大学の諸先生方のご努力に心より感
謝申し上げます。

　ワンアジア財団は，「アジア共同体の創成に寄与すること」を目的に，ア
ジアの地域を中心に世界中の大学に対して「アジア共同体論」の講座開設
の支援をして６年になります。2010 年からスタートした大学への寄付講
座は，現在アジアを中心に 45 の国・地域において 400 の大学が講座の進
行又は準備をしている状況となりました。ご協力の皆様方に心より感謝申
し上げます。

　財団の６年間の活動において少しずつ変化の兆しがあります。それは若
い学生の皆さんに顕著にあります。約６年間，各大学の学生の皆さんに財
団の理事長の講義の中で，普遍的４つのテーマについて話しをしてきまし
たが，６年前と６年後の今日とは，学生の皆さんの反応が違います。今日
のほうが人類の未来に対して，戦争がなく，互いを助け合い，平和で調和
が取れた世の中を望む学生が明らかに増えていることです。

　若い学生が２０年，３０年後の未来に対して世界の新しい姿を望むこと
が出来れば，必ずその方向にゆきます。世界の各大学の教育の場で，若い
学生が未来に夢と希望が持てる場であってほしいのです。財団はそのこと
についてこれからもお手伝いをしていきたいと考えています。

　人類が自己中心性を克服して，未来に対する希望に繋げていくことを期
待しています。世界の 72 億の方々が人類全体で調和のとれた社会を目指
して，その希望を持ち続けることこそが財団の活動であると考えています。

第４章　ワンアジアコンベンション　295

7.3 プノンペンコンベンションのプログラム

2016 年 8 月 5 日金曜日	
16：00〜17：30 ラウンドテーブル 1	「教育の現状と未来」
	司会者：鈴木規夫（日本・愛知大学）
	Chealy Chet（カンボジア・王立プノンペン大学）
	Duk Hoon Lee（韓国・韓南大学）
	谷垣真理子（日本・東京大学）
	フルコン（インドネシア・インドネシア教育大学）
	Murataly Djamanbaev（キルギス・キルギス工科大学）
	佐藤洋治（日本・ワンアジア財団）
18：00〜20：00	ウェルカムディナー
2016 年 8 月 6 日土曜日	
9：00〜9：30 開会式	司会者：ロイ・レスミー（カンボジア・王立プノンペン大学）
	Hang Choun Naron（カンボジア・教育, 青少年, スポーツ省大臣）
	Pa Sochetvong（カンボジア・プノンペン市長）
	Chul Soo Kim（韓国・大学教授会・議長）
	平川均（日本・国際アジア共同体学会, 前理事長 / 日本・国士舘大学・教授）
	ダミール・アサノフ（キルギス・キルギス国立大学・教授）
	H.E Mey Kalyan（カンボジア・プノンペン王立大学・理事長）
	佐藤洋治（日本・ワンアジア財団・理事長）
9：30〜10：30 基調講演	佐藤洋治（日本・ワンアジア財団・理事長）
	アンソニー・ジャクソン（アメリカ・アジア協会・副代表）
10：30〜10：45	休憩
10：45〜12：30 ラウンドテーブル 2	司会者：文興安（韓国・建国大学）
	イ・ヨンスク（日本・一橋大学）
	Han Sang Ok（韓国・朝鮮大学）
	孫衛国（中国・南開大学）
	梅家玲（台湾・国立台湾大学）
	Dao Ngoc Tien（ベトナム・貿易大学）
	ユ・サン（カンボジア・バッタンバン大学）
	Dede Mariana（インドネシア・パジャジャラン大学）
	タラスベク・マシュラポフ（キルギス・ビシュケク人文大学）
	李晟文（カナダ・ラヴァル大学）
12：30〜14：00	昼食

	分科会1 「政治・経済・社会・環境・社会福祉」
	司会者：渡邊啓貴（日本・東京外国語大学）
	朱建榮（日本・東洋学園大学）
	李振翎（韓国・仁荷大学）
	グレン・フック（イギリス・シェフィールド大学）
	Siem Emtotim（カンボジア・バッタンバン大学）
	Dede Mariana（インドネシア・パジャジャラン大学）
	遅国泰（中国・大連理工大学）
	黎立仁（台湾・台中科技大学）
	鈴木洋子（日本・昭和女子大学）
	アスカー・クタノフ（キルギス・キルギス工科大学）
	分科会2 「歴史・教育・思想・哲学・宗教」
	司会者：権宇（中国・延辺大学）
	祁進玉（中国・中央民族大学）
	シャリーフ・ヌルル・アークム（バングラデッシュ・イースタン大学）
14：00〜17：30 分科会	Dorothy I-Ru Chen（台湾・国立曁南国際大学）
	Elly Malihah（インドネシア・インドネシア教育大学）
	Sok Soth（カンボジア・王立プノンペン大学）
	李贊洙（韓国・ソウル大学）
	朴銀姫（中国・魯東大学）
	イ・ヨンスク（日本・一橋大学）
	Kim Eun-Shil（韓国・梨花女子大学）
	分科会3 「文化・芸術・メディア」
	司会者：韓奎良（韓国・韓国放送通信大学）
	徐青（中国・浙江理工大学）
	Koh Ho Sung（韓国・国立済州大学）
	許南麟（カナダ・ブリティッシュ・コロンビア大学）
	アントネッタ・ブルーノ（イタリア・ローマ大学サピエンツァ校）
	成仁秀（韓国・蔚山大学）
	Islaminur Pempasa（インドネシア・Pikiran Rakyat）
	李愛俐娥（日本・早稲田大学）
	鎌倉英也（日本・ジャーナリスト）
18：00〜20：00	閉会式・フェアウェルパーティー

第4章　ワンアジアコンベンション　297

第4章　ワンアジアコンベンション　301

Kossanthepheap(2016.8.9)

Resmei Kampuchea (2016.8.7)

Resmei Kampuchea (2016.8.7)

一般財団法人ワンアジア財団 7 年のあゆみ編纂委員会

西塚英和
鄭俊坤
メリット千明
平希美
本田祥子
勝又千裕
大室詩雅

一般財団法人ワンアジア財団
〒 116-0013
東京都荒川区西日暮里 2-22-1
ステーションプラザタワー 405 号
TEL：03-5615-5500
FAX：03-5615-5501

ワンアジア財団 7 年のあゆみ—2009 〜 2016—

■発　行──2017年 8 月15日初版第 1 刷

■著　者──一般財団法人ワンアジア財団 7 年のあゆみ編纂委員会

■発行者──一般財団法人ワンアジア財団

■発売者──中山元春　〒101−0048東京都千代田区神田司町 2 − 5
　　　　　　　　　　　電話03−3293−0556　FAX03−3293−0557

■発売所──株式会社芦書房　http://www.ashi.co.jp

■印　刷──新日本印刷

■製　本──新日本印刷

©2017 One Asia Foundation

本書の一部あるいは全部の無断複写，複製
（コピー）は法律で認められた場合をのぞき
著作者・出版社の権利の侵害になります。

ISBN978-4-7556-1288-6 C0000